ଗୋପପୁର ଓ ଅନ୍ୟାନ୍ୟ କବିତା

ଗୋପପୁର ଓ ଅନ୍ୟାନ୍ୟ କବିତା

ସନ୍ତୋଷ କୁମାର ନାୟକ

ସହକାରୀ ପ୍ରଫେସର ଓ ବିଭାଗମୁଖ୍ୟ, ଓ.ଶି.ସେ.-୧
ଅଧିସ୍ନାତକ ଓଡ଼ିଆ ବିଭାଗ,
ଫକୀର ମୋହନ ସ୍ୱୟଂଶାସିତ ମହାବିଦ୍ୟାଳୟ, ବାଲେଶ୍ୱର, ଓଡ଼ିଶା

ବ୍ଲାକ୍ ଈଗଲ୍ ବୁକ୍ସ
ଭୁବନେଶ୍ୱର, ଓଡ଼ିଶା

BLACK EAGLE BOOKS
Dublin, USA

ଗୋପପୁର ଓ ଅନ୍ୟାନ୍ୟ କବିତା / ସନ୍ତୋଷ କୁମାର ନାୟକ

ବ୍ଲାକ୍ ଇଗଲ୍ ବୁକ୍ସ : ଭୁବନେଶ୍ୱର, ଓଡ଼ିଶା ● ଡବ୍ଲିନ୍, ଯୁକ୍ତରାଷ୍ଟ୍ର ଆମେରିକା

 BLACK EAGLE BOOKS

USA address:
7464 Wisdom Lane
Dublin, OH 43016

India address:
E/312, Trident Galaxy, Kalinga Nagar,
Bhubaneswar-751003, Odisha, India

E-mail: info@blackeaglebooks.org
Website: www.blackeaglebooks.org

First International Edition Published by
BLACK EAGLE BOOKS, 2024

GOPAPURA O ANYANYA KABITA
by **Dr. Santosh Kumar Nayak**

Copyright © **Dr. Santosh Kumar Nayak**

All rights reserved. No part of this publication may be reproduced, stored in a retrieval system, or transmitted, in any form or by any means, electronic, mechanical, photocopying, recording or otherwise without the prior permission of the publisher.

Interior Design: Ezy's Publication

ISBN- 978-1-64560-616-1 (Paperback)

Printed in the United States of America

ଇନ୍ଦ୍ରିୟ-ଅତୀନ୍ଦ୍ରିୟ,
ଶ୍ରୁତ-ଅଶ୍ରୁତ, ଦୃଷ୍ଟ-ଅଦୃଷ୍ଟ, ସୃଷ୍ଟ-ଅସୃଷ୍ଟ ସମଗ୍ର ସଂସାର,
ଦେହରୁ ବିଦେହ,
ଗୋପରୁ ବୃନ୍ଦାବନ, ବୃନ୍ଦାବନରୁ ମଥୁରା, ମଥୁରାରୁ ଦ୍ୱାରିକାର
ସ୍ରଷ୍ଟା-ଦ୍ରଷ୍ଟା, କବି ଓ କବିତା
ତଥା
ପରମ ପାଠ ଓ ପାଠକଙ୍କ
ପୟରାରବିନ୍ଦରେ ...

—ଲେଖକ

ପୂର୍ବ ପ୍ରତ୍ୟୟ

'ଗୋପପୁର' ଏକ ଚେତନା। ମାୟା ଓ ମାୟୋତ୍ତର, ଦେହ ଓ ଦେହୋତ୍ତର ଚେତନାର ଚିନ୍ମୟ ଚିତ୍ରଶାଳା ହେଉଛି ଗୋପପୁର। ପ୍ରାଚ୍ୟ ଦର୍ଶନରେ ଏହି ଗୋପପୁରକୁ ବିବିଧ ସ୍ତରରେ ଶରୀର ଓ ଶାରୀରିକ ସତ୍ତାସହ ସଂଯୁକ୍ତ କରି ଦେଖାଯାଇଆସିଛି। ଅଳୀକ ଶରୀର ବା ପାର୍ଥିବ, ନଶ୍ୱର ଶରୀର କଥା ଗୋପପୁର ରୂପକ ମାଧ୍ୟମରେ ଅନେକତ୍ର କୁହାଯାଇଥିଲା ବେଳେ ଅନ୍ୟତ୍ର ଏକ ଆତ୍ମିକ ଓ ଆଧ୍ୟାତ୍ମିକ ଉତ୍ତରଣ ବା ଦେହୋତ୍ତର ଉତ୍ତରଣ ଓ ଆତ୍ମ ଅନ୍ୱେଷଣ ଓ ଆତ୍ମୋପଲବ୍ଧିର ମାଧ୍ୟମ ଭାବରେ ଗ୍ରହଣ କରାଯାଇଛି। ତେବେ ସର୍ବୋପରି ଏହି 'ଗୋପପୁର'ର ସଂପର୍କ ମନ, ମସ୍ତିଷ୍କ, ଇନ୍ଦ୍ରିୟ, ଅତୀନ୍ଦ୍ରିୟ ଦେଇ ଚରମ-ପରମ ସତ୍ୟ ଆଡ଼କୁ ନେଇଯାଉଥିବା ଏକ ପ୍ରବାହୀ ଚେତନା ସହ ରହିଛି ବୋଲି କୁହାଯାଇପାରେ। ଶରୀରର ପାଂଚଗୋଟି ସ୍ତର ବା ଆବରଣ, ଯାହାକୁ ପଂଚକୋଷ (ଅନ୍ନମୟ, ପ୍ରାଣମୟ, ମନୋମୟ, ବିଜ୍ଞାନମୟ ଏବଂ ଆନନ୍ଦମୟ କୋଷ) ବୋଲି କୁହାଯାଇଛି, ସେହି ସମସ୍ତ କୋଷ ବା ଆବରଣ ସହ ଏହି ଗୋପପୁରର ଅତିନିବିଡ଼ ସଂପର୍କ। ବେଦାନ୍ତ ଦର୍ଶନରେ ଆତ୍ମାର ଏହି ପଞ୍ଚାବରଣ କଥା କୁହାଯାଇଛି (The five fold vestures sheathing the human soul in a living man)। ଖାଲି ଏତିକି ନୁହେଁ, 'ଗୋପପୁର'କୁ ପଂଚକୋଷ ପରି ପଂଚବିଷୟ, ପଂଚଭୂତ, ପଂଚବିଜ୍ଞାନ ଓ ବୌଦ୍ଧଦର୍ଶନ ଅନ୍ତର୍ଗତ ପଂଚସ୍କନ୍ଦ (ରୂପ ବା ସ୍ଥୁଳ ଶରୀର, ବେଦନା ବା ଅନୁଭବ ଶକ୍ତି, ସଂଜ୍ଞା ବା ବୋଧଶକ୍ତି ବା ଧାରଣାଶକ୍ତି, ସଂସ୍କାର ବା ଅନୁଭୂତି ସମୁଚ୍ଚୟ ଓ ବିଜ୍ଞାନ ବା ଚେତନା / ବିଚାରଶକ୍ତି) ସହ ତୁଳନା ମଧ୍ୟ କରାଯାଇପାରେ। ଏହି ଗୋପପୁରରେ ବାମ, ଦକ୍ଷିଣ ଓ ମଧ୍ୟ ନାଡ଼ିତ୍ରୟୀ ରହିଛନ୍ତି। ଏଠାରେ ଇଡ଼ା,

ପିଙ୍ଗଳା ଓ ସୁଷୁମ୍ନା, ପ୍ରଜ୍ଞା-ଉପାୟ ଓ ଅବଧୂତୀରୂପେ ବା ଅବିଦ୍ୟା-ବିଦ୍ୟା ଓ ନୈରାତ୍ମା ବିଦ୍ୟମାନ। ଏଠାରେ ଲଳନା-ରସନା, ଚନ୍ଦ୍ର-ସୂର୍ଯ୍ୟ, ଅପାନ-ପ୍ରାଣ, ନାଦ-ବିନ୍ଦୁ, ଗଙ୍ଗା-ଯମୁନା, ଅଭାବ-ଭାବ, ପ୍ରକୃତି-ପୁରୁଷ, ଗ୍ରାହକ-ଗ୍ରାହ୍ୟ, ସ୍ୱର-ବ୍ୟଂଜନ, ଏ, ବଂ, ସ୍ଥୁଳ-ସୂକ୍ଷ୍ମ, ଅସ୍ଥିର-ସ୍ଥିର, ଅପର-ପର, ଅଭେଦ-ଭେଦ, ଅଚିତ୍ତ-ଚିତ୍ତ, ସମ୍ଭୋଗକାୟ-ନିର୍ମାଣକାୟ, ଶୂନ୍ୟତା-କରୁଣା, ଆଲୋକ-ଅନ୍ଧକାର ଏବଂ ତମଃ-ରଜଃ ତଥା ସତ୍ତ୍ୱଗୁଣର ରହିଛି ତନ୍ମୟ ସମନ୍ୱୟ। ଏ ପିଣ୍ଡ, ଏ ସମଗ୍ର ବ୍ରହ୍ମାଣ୍ଡ ଓ ଏ ଚରାଚର ଅଖିଳ ବିଶ୍ୱବ୍ରହ୍ମାଣ୍ଡ, ଅନନ୍ତ ଅର୍ବୁଦ ବ୍ରହ୍ମାଣ୍ଡ ନିଚୟ ସବୁକିଛି 'ଗୋପପୁର'। ଏହା ଏକ ଆକର୍ଷଣ, ଏକ ବିଚିତ୍ର ବିସ୍ମୟ ମାତ୍ର। ଗୋପପୁର ଶରୀର ଶକ୍ତିକେନ୍ଦ୍ର ବା ଶକ୍ତିପୁଞ୍ଜ (Energy Centres) କୁ ମଧ୍ୟ ବୁଝାଏ, ଯାହା ବ୍ୟକ୍ତି ଶରୀରର କାୟିକ, ମାନସିକ ଓ ଆଧ୍ୟାତ୍ମିକ ସ୍ୱାସ୍ଥ୍ୟର ପରମ କାରଣ। ଜୀବନରେ ଅନ୍ୱୟ ରକ୍ଷା ନିମନ୍ତେ ଏସବୁ ଅପରିହାର୍ଯ୍ୟ। ଗୋପପୁର 'ଯୋଗ', 'ଧ୍ୟାନ' ଓ 'ପୂଜନ-ମନନ' ଉପରେ ଗୁରୁତ୍ୱ ଦେଉଥିବା ସଂବୋଧି ଚେତନା ବିଶେଷ ଅଟେ। It teaches us puja (worship) and sadhana (spiritual practice) to honour the body as a sacred vessel. ଏ ଶରୀର ଏକ ପବିତ୍ର ମାଟିପାତ୍ର ବା ପୁଣ୍ୟକଳସ ବା କୁହାଯାଇପାରେ ଏ ଶରୀର ହେଉଛି ପଂଚଭୂତ ନିର୍ମିତ ପବିତ୍ର ପାତ୍ର ବିଶେଷ। ଏହା ହୋଇପାରେ ମାୟା, ଖେଳଘର କିନ୍ତୁ ସମଗ୍ର ଅନନ୍ତ ଅଖିଳବ୍ରହ୍ମାଣ୍ଡ ପରି ଏ ପିଣ୍ଡ – ଏ ଗୋପପୁର।

ଏଠାରେ ସାଂଖ୍ୟ ସିଦ୍ଧାନ୍ତ କଥା ମଧ୍ୟ କୁହାଯାଇପାରେ। ଶରୀର ଓ ଆତ୍ମାର ଭିନ୍ନତା ଓ ଅଭିନ୍ନତା କଥା ଏଠାରେ ଗୋପପୁରର ଶିକ୍ଷା (Teaching)ରୁ ଅନୁଭୂତ ହୁଏ। ବସ୍ତୁତଃ ଏଠାରେ Monism ଓ Dualism ର ଦ୍ୱନ୍ଦ୍ୱକୁ ଏକ ପ୍ରକାର ସମାଧାନ କରାଯାଇଛି। ଗୋପପୁର ଶରୀର ଓ ଆତ୍ମାର ଭିନ୍ନତା ଓ ଅଭିନ୍ନତା ଉଭୟକୁ ବୁଝାଏ। ସାଂଖ୍ୟଦର୍ଶନ ଓ ଅଦ୍ୱୈତ ଦର୍ଶନ ବା ଅଦ୍ୱୈତ ବେଦାନ୍ତ ଦର୍ଶନର ସମନ୍ୱୟ ସାଙ୍ଗକୁ ପାର୍ଥିବତା ଓ ଚେତନା ସର୍ବସ୍ୱତା ମଧ୍ୟ ଏତଦ୍ଦ୍ୱାରା ପ୍ରତିଫଳିତ ହୋଇଥାଏ।

କବିତା ସ୍ୱପ୍ନପରି ଆସେ। ସ୍ୱପ୍ନର ଭାଷା ହିଁ କବିତାର ଭାଷା। କବିତା ହେଉଛି ଏକ ଉତ୍ତରିତ ଦର୍ଶନ ଏକ ଉଚ୍ଚତର ଆୟାମର ଅନୁପମ ଗଣିତଶାସ୍ତ୍ର। କବିତା ହେଉଛି ଏକ କଳାତ୍ମକ ବିଜ୍ଞାନ। ନୈତିକତା (Ethics), ସଦାଚାର, ସୌନ୍ଦର୍ଯ୍ୟ ଓ ସୌନ୍ଦର୍ଯ୍ୟତତ୍ତ୍ୱ (Beauty and Aesthetics), ପରିଚୟ ଓ ଆତ୍ମସତ୍ତା

(Identity and self) ବାସ୍ତବିକତା ଓ ଅବଧାରଣା (Reality and Perception), ଅସ୍ମିତା ଓ ଅସ୍ତିତ୍ୱବାଦ, କ୍ଲାସିକ୍ ଓ ରୋମାଂଟିକ୍ ଭାବଧାରା, ପ୍ରତୀକ ଓ ରୂପକଳ୍ପ, ଉପମା ଓ ରୂପକ ପ୍ରଭୃତିକୁ ନେଇ ସ୍ୱଭାବୋକ୍ତି ବା ବକ୍ରୋକ୍ତି କ୍ରମେ କବିତା ଆତ୍ମପ୍ରକାଶ କରିଥାଏ। ଆରିଷ୍ଟୋଟଲ୍ କାହିଁକି ବରଂ ସକ୍ରେଟିସ୍, ପ୍ଲାଟୋଙ୍କ ଠାରେ ମଧ୍ୟ ଏହି ଉପାଦାନ ସବୁ ଦେଖାଯାଇଥିଲା। ଆରିଷ୍ଟୋଟଲ୍, ଇମାନୁଏଲ୍ କାଂଟ୍, ଫ୍ରେଡ୍‌ରିକ୍ ନିତ୍‌ସେ, ଜାଁ ପଲ୍ ସାର୍ତ୍ତ୍ର, ମାର୍ଟିନ୍ ହେଇଡେଗର୍‌ଙ୍କ ପରି ପ୍ରମୁଖ ଅସ୍ତିତ୍ୱବାଦୀ ଚିନ୍ତାନାୟକ ମୋତେ ବହୁଥର ବହୁଭାବରେ ଚିନ୍ତନ କ୍ଷେତ୍ରରେ ଭେଟିଛନ୍ତି, ପ୍ରଭାବିତ କରିଛନ୍ତି। ପ୍ଲାଟୋଙ୍କ "The Republic", ଲୁକ୍ରେଟିଅସ୍‌ଙ୍କ "De Rerum Natura" (Epicurean Philisophy in Verse), ଦାନ୍ତେଙ୍କ "The Divine Comedy" (Allegorical Exploration of Ethics and Morality), ୱାଲ୍ଟ ହ୍ୱିଟ୍‌ମ୍ୟାନ୍‌ଙ୍କ "Leaves of Grass" (Celebration of Life and Democracy) ଓ ଟି.ଏସ୍. ଏଲିଅଟ୍‌ଙ୍କ "The Waste Land" (Modernist Exploration of Disillusionment) ଏବଂ "Four Quartets" ପରି ବିଶ୍ୱପ୍ରସିଦ୍ଧ କୃତି, ତଥା କାମ୍ୟୁଙ୍କ "The Absurd", କାଂଟ୍‌ଙ୍କ "The Sublime", ଫ୍ରଏଡ୍‌ଙ୍କ "The Uncanny", ହେଇଡେଗର୍‌ଙ୍କ "The Other" ଓ "Dasein" ପ୍ରଭୃତିରେ ଜୀବନର ଅନ୍ତର୍ନିହିତ ଅର୍ଥହୀନତା, ଶ୍ରଦ୍ଧାଯୁକ୍ତ ଭୟ ଓ ଉତ୍ତରଣ ଅନୁଭବ, ପରିଚିତ ଅଥଚ ବିସ୍ମୟକର ଅନୁଭୂତି, ମାନବୀୟ ଅସ୍ତିତ୍ୱ ଓ ସମ୍ପର୍କ ତଥା ଅସ୍ମିତାବୋଧ ମୋର ପାଠକୀୟ ସତ୍ତାକୁ ଦ୍ରବୀଭୂତ କରିଛି ଅବଶ୍ୟ। ତଦ୍ୱାରା ମୋର ଲେଖକୀୟ ସତ୍ତା କେତେଦୂର ପ୍ରଭାବିତ ବା ତତ୍‌କବଳରୁ କେତେମାତ୍ରାରେ ମୁକ୍ତ ସେକଥା ପାଠକମାନଙ୍କ ପରିସର ଭୁକ୍ତ ନିଶ୍ଚିତ। ଜନ୍‌ଡନ୍, ୱାର୍ଡସ୍‌ୱର୍ଥ, ଶେଲୀ, କଲେରିଜ୍, କୀଟ୍‌ସ୍, ଏମିଲି ଡିକିନ୍‌ସନ୍, ଟି.ଏସ୍. ଏଲିଅଟ୍‌ଙ୍କ ପରି ସାହିତ୍ୟିକମାନେ ଏହି ଉଚ୍ଚତର ଗାଣିତିକ ସମୀକରଣ ସହ ବେଶ୍ ଯୁଝିଛନ୍ତି। ସେହି କଳାତ୍ମକ ବିଜ୍ଞାନ ବା କଳାତ୍ମକ ଗଣିତ (Artistic Mathematics)ର ପ୍ରଭାବରୁ ମୁକ୍ତହେବା କୌଣସି କବିସତ୍ତା ପକ୍ଷେ ସମ୍ଭବ ନୁହେଁ। କବିତା ଲେଖିଲାବେଳେ କବିଟିଏ କବିତା ଲେଖିନଥାଏ। ତାର ଢେର୍ ଆଗରୁ କବିତା ଲେଖାସରିଥାଏ। ସେ କବିତା ଅନେକ ସମୟରେ ରୂପ ପାଇଥାଏ, ସାକାର ହୋଇଥାଏ। କବି କେବଳ ଜଣେ। ପରଂବ୍ରହ୍ମ। ସେ ହିଁ କବି। ତାଙ୍କ ଛଡ଼ା ବାକି

ସବୁ କବିତା। ଅବଶ୍ୟ ସେ ନିଜେ କବିତ୍ୱ ବା କବିତାର ସତ୍ତା ବା ଉପାଦାନ (element)ରେ ଗଢ଼ା। ସେ ସୂତ୍ରରେ ସମଗ୍ର ବିଶ୍ୱବ୍ରହ୍ମାଣ୍ଡ (Universe, Multiverse, Metaverse, Omniverse) ପ୍ରଭୃତି ସବୁକିଛି କବିତା ହିଁ। କହିବା ବାହୁଲ୍ୟ ଯେ, ତନ୍ମଧ୍ୟସ୍ଥ ଜୀବ-ଜନ୍ତୁ, ମାନବ-ଦାନବ-ଦେବ-ଗନ୍ଧର୍ବ-କିନ୍ନର-ଅସୁର-ରାକ୍ଷସ-ଦୈତ୍ୟ-ଅଦୈତ୍ୟ-ଫୁଲ-ଫଳ-ପାହାଡ଼-ଝରଣା-ଆକାଶ-ଗଛଲତା, ମାଟି-ପାଣି-ପବନ-ଝଡ଼-ତୋଫାନ୍-ବନ୍ୟା-ବାତ୍ୟା-ଭୂକମ୍ପ, ଭୂସ୍ଖଳନ, ଭୂପାତ, ସୁନାମି, ଆଗ୍ନେୟ ଉଦ୍‌ଗୀରଣ, କ୍ରିୟା-କଳାପ, ସମସ୍ତ ଭୂତ, ଆତ୍ମା, କୋଷ, ମନ, ଆବର୍ତ୍ତନ, ବିବର୍ତ୍ତନ, ପରିବର୍ତ୍ତନ, ପରିକ୍ରମଣ, ଆକ୍ରମଣ, ନିଷ୍କ୍ରମଣ, ଉତ୍‌କ୍ରମଣ ଆଦି ଘଟଣା, ଦୁର୍ଘଟଣା ପ୍ରଭୃତି ସବୁକିଛି ଯାହା ଦୃଶ୍ୟ-ଅଦୃଶ୍ୟ, ବୋଧ୍ୟ, ଅବୋଧ୍ୟ, ଦୁର୍ବୋଧ୍ୟ, ଭେଦ-ଅଭେଦ୍ୟାଦି ସବୁକିଛି କବିତା ବା କବିତାର ମୂର୍ତ୍ତ ବା ଅମୂର୍ତ୍ତ ରୂପ ମାତ୍ର। ଆମ୍ବଗଛରୁ ବା ଆମ୍ବଟାଙ୍କୁ (ମଞ୍ଜି)ରୁ ଆମ୍ବଗଛ ହେଲା ଭଳି ବଂଶାନୁକ୍ରମ ଓ ବିଭେଦନ (Heredity and Variation) କ୍ରମେ ଏସବୁ 'କବିତା' ବା 'କବିତାଜ'ରୁ କବିତା ହିଁ ଜାତ ହୋଇଥାଏ। ନିଜେ ମଣିଷ ବା କବିଟିଏ ମଧ୍ୟ ଏକ କବିତା। ମାତ୍ର କବିତା ରଚନା କାଳରେ ସେ ପରଂବ୍ରହ୍ମଙ୍କ ସର୍ଜନାକାଳୀନ ମାନସିକତାର ସାହାଯ୍ୟ ନେଇ ସର୍ଜନା କରେ। ମାତ୍ର କହିବା ବାହୁଲ୍ୟ ଯେ, ସବୁ ସର୍ଜନା ଏହି ସବୁ ସର୍ଜିତରୁ ଉଦ୍ଭୁତ। ଏହା ମୋର ବଦ୍ଧମୂଳ ଧାରଣା, ଅବଧାରଣା ଓ ପ୍ରଧାରଣା ମାତ୍ର।

ମାନବ ସଭ୍ୟତାର ତଥାକଥିତ ପ୍ରଥମ କବିତା ବା କାବ୍ୟ ବୋଲି 'ବେଦ' (The Vedas)କୁ କହିପାରିବା। ସେ ସୂତ୍ରରେ 'ଋକ୍‌ବେଦ' ହେବ ପ୍ରଥମ କାବ୍ୟ। ଏଥିରେ ରହିଛି ସହସ୍ରାଧିକ ସୁସ୍ଥ ଦର୍ଶନର ସମନ୍ୱୟ (Synthesis)। ଯଜୁର୍ବେଦରେ କର୍ମକାଣ୍ଡ, ତ୍ୟାଗ, ଦାର୍ଶନିକ ମନ୍ତ୍ରାଦି ସୁବିନ୍ୟସ୍ତ। ସାମବେଦରେ ସଂଗୀତ ଓ ବାସ୍ତବତାର ପ୍ରକୃତି, ପ୍ରବୃତ୍ତିମୂଳକ ଦୃଷ୍ଟି ଓ ଦର୍ଶନ ସୁବ୍ୟବସ୍ଥିତ ଓ ସୁରକ୍ଷିତ। ସେହିପରି ଅଥର୍ବବେଦରେ ମାନବୀୟ ଦଶା-ଦିଶା, ନୈତିକତା, ସଦାଚାର, ସୁବିଚାର, ଆଧ୍ୟାତ୍ମିକ ଉତ୍ତରଣ, ଅଭ୍ୟୁଦୟ ଓ ସଂଚରଣର କଥା ଦାର୍ଶନିକ ସ୍ୱରରେ ସୁସମନ୍ୱିତ, ସୁଶୋଭିତ ଓ ସୁସଂରଚିତ। ଏ ସବୁରେ 'ବ୍ରହ୍ମ' (Ultimate Reality), ଆତ୍ମା (Individual Self), 'ଧର୍ମ' (Moral Order), 'କର୍ମ' (Action and Consequence), ଓ 'ମୋକ୍ଷ' (Liberation) କଥା କୁହାଯାଇଛି। ରୂପକ,

ରୂପକଥା, ରୂପକଳ୍ପ, ପ୍ରତୀକ ଓ ଗୀତିମୟତା ମାଧ୍ୟମରେ ଏ ସବୁର ବ୍ୟାଖ୍ୟାନ ଓ ଉପସ୍ଥାପନ କରାଯାଇଛି। 'ଋକ୍‌ବେଦ'ର ସର୍ଜନା ମନ୍ତ୍ର, ଯଜୁର୍ବେଦର 'ପୁରୁଷସୂକ୍ତ' ସାମବେଦର 'ସୋମମନ୍ତ୍ର', ଅଥର୍ବବେଦର ରକ୍ଷାମନ୍ତ୍ର / ପ୍ରାର୍ଥନା, ତଥା ଈଶ ଉପନିଷଦ, କଠ ଉପନିଷଦ, ବୃହଦାରଣ୍ୟକ ଉପନିଷଦ, ମାଣ୍ଡୂକ୍ୟ ଉପନିଷଦ, ମୁଣ୍ଡକ ଉପନିଷଦ, ଐତେରୀୟ ଉପନିଷଦ, ଛାନ୍ଦୋଗ୍ୟ ଉପନିଷଦ, ପ୍ରଶ୍ନ ଉପନିଷଦ, ତୈତ୍ତିରୀୟ ଉପନିଷଦ ପ୍ରଭୃତିର ଚୈତନ୍ୟ ଓ ଦାର୍ଶନିକ ଅଭିବ୍ୟକ୍ତି ଯେତିକି ମନ୍ମୟ ସେତିକି ତନ୍ମୟ। ଏ ସବୁର ପ୍ରଭାବରୁ ଅବଶ୍ୟ ଏହି ସଂକଳନର ଅନେକ କବିତା ମୁକ୍ତ ହୋଇପାରିନାହାନ୍ତି। ଏଥିରେ ମୋର ଲେଖକୀୟ କ୍ଷୋଭ ଆଦୌ ନାହିଁ। କାରଣ ଯେଉଁ ବେଦୋପନିଷଦୀୟ ପ୍ରଭାବରୁ ଏସବୁ କ୍ଷାନ୍ତ ରହିପାରିଲେ ନାହିଁ, ସେସବୁ କେବଳ ମୋର କାହିଁକି ଅଧିକନ୍ତୁ ସଭ୍ୟମାନବର ଚିନ୍ତା-ଚେତନା-ଦୃଷ୍ଟି ଓ ଦର୍ଶନ, ମନ ଓ ମନନ, ଦଶା ଓ ଦିଶା, ଭିତ୍ତି ଓ ଭାରତୀ ନିରୂପଣର ଏକାନ୍ତ ସହାୟକ ଓ ଅମୂଲ୍ୟ ଅଦ୍ୱିତୀୟ ଆଧାର ମାତ୍ର। ପୁଣି ଏମିତି ପ୍ରଭାବରୁ କ୍ଷାନ୍ତ ନରହିଥିବା ବ୍ୟକ୍ତି ପୃଥିବୀରେ ମୁଁ ପ୍ରଥମ ବା ଏକୁଟିଆ ମଧ୍ୟ ନୁହେଁ। ମୋର ଏହି କବିସତ୍ତା ପରି ପୃଥିବୀ ଯାକ କବିଙ୍କର ଅନୁରୂପ ପ୍ରଭାବିତ / ସମନ୍ୱିତ କବିସତ୍ତା। ୱାଲ୍‌ଟ୍ ହ୍ୱିଟ୍‌ମ୍ୟାନ୍‌ଙ୍କ "Song of Myself"ରେ ନିଜର ଅନ୍ତର୍ନିହିତ ସତ୍ତା ବା ଆତ୍ମସତ୍ତା ସଂଦର୍ଶନ, ଅନ୍ୱେଷଣ, "The Waste Land"ରେ ଟି.ଏସ୍.ଏଲିଅଟ୍ Cosmic Essence ବା ବ୍ରହ୍ମ ଓ ପରମ ସତ୍ୟତା ସମ୍ପର୍କରେ ଦେଖାଇଥିବା ମନନଶୀଳତା, ଏମିଲି ଡିକିନ୍‌ସନ୍‌ଙ୍କ "Hope is the Thing with Feathers" ରେ ମୋକ୍ଷ (Liberation) ବା ନିର୍ବାଣ ତଥା ଆଧ୍ୟାତ୍ମିକ ବିମୁକ୍ତି ପ୍ରସଙ୍ଗ ଉତ୍‌ଥାନ, ରବର୍ଟ ଫ୍ରଷ୍ଟଙ୍କ "The Road Not Taken"ରେ ସଦାଚାର, ନୈତିକତା ଓ ରହସ୍ୟବାଦୀ ଚିନ୍ତାଚେତନାର ସୁବିନ୍ୟାସ, ସେକ୍ସପିୟରଙ୍କ "Macbeth"ରେ କର୍ମ ଓ ଫଳାଫଳ ପ୍ରସଙ୍ଗ, ଫକୀରମୋହନଙ୍କ "ଛ'ମାଣ ଆଠଗୁଣ୍ଠ" ପରି କ୍ଲାସିକ୍ ସୃଷ୍ଟିରେ କର୍ମବାଦ, ନୈତିକତା ଓ ଆଧ୍ୟାତ୍ମିକ ଉତ୍ତରଣ ପ୍ରଭୃତି କଥା ଉପନିଷଦୀୟ ଦର୍ଶନଠାରୁ କ'ଣ କୌଣସି ଗୁଣରେ ଊଣା ବା ଭିନ୍ନ କି ? ରବୀନ୍ଦ୍ରନାଥ ଟାଗୋର, ଶ୍ରୀ ଅରବିନ୍ଦ ଓ ସ୍ୱାମୀ ବିବେକାନନ୍ଦଙ୍କ ପରି ମହାନ ଦାର୍ଶନିକ ସାହିତ୍ୟିକମାନେ ମଧ୍ୟ ଏଥିରୁ ମୁକ୍ତ ନୁହେଁ। ଈଶ ଉପନିଷଦରେ "ସତ୍ୟର ଚେହେରା" (The Face of Truth) ତଥା ଆତ୍ମା ଓ ବ୍ରହ୍ମଙ୍କ ସ୍ୱରୂପ ଉଦ୍‌ଘାଟନ

କରାଯାଇଛି । କେନ ଉପନିଷଦରେ ଶ୍ୟେନ ବା ବାଜପକ୍ଷୀ ଦୃଷ୍ଟାନ୍ତ ମାଧ୍ୟମରେ ପ୍ରକୃତିକୁ ବ୍ରହ୍ମ ବୋଲି କୁହାଯାଇଥିଲାବେଳେ କଠ ଉପନିଷଦରେ ନଚିକେତା ଉପାଖ୍ୟାନଦ୍ୱାରା ମୋକ୍ଷ ଓ ନିର୍ବାଣ ତଥା ମୃତ୍ୟୁର ରହସ୍ୟ ଉଦ୍‌ଘାଟିତ ହୋଇଛି । ସେହିପରି ମୁଣ୍ଡକ ଉପନିଷଦରେ ଦୁଇଟି ସୁପର୍ଣ୍ଣ ପକ୍ଷୀଙ୍କ କଥା ମାଧ୍ୟମରେ ଆତ୍ମା-ପରମାତ୍ମା ବା ଜୀବ-ପରମର ବ୍ୟାଖ୍ୟାନ ମିଳିଥାଏ । ଅନୁରୂପ ଭାବରେ ତୈତ୍ତିରୀୟ ଉପନିଷଦରେ 'ବିଶ୍ୱ ଆତ୍ମା' (Universal Self)ର ଦୃଷ୍ଟି ଓ ଦର୍ଶନ (Vision) ଅଦ୍ୱୈତ ଓ ଏକେଶ୍ୱରବାଦ କଥା କୁହାଯାଉଥିଲା ବେଳେ ମାଣ୍ଡୁକ୍ୟ ଉପନିଷଦରେ ଆତ୍ମାର ଚାରୋଟି ପାଦ କଥା କୁହାଯାଇଛି । ସଂହିତା, ବ୍ରାହ୍ମଣ ଓ ଆରଣ୍ୟକ ମାଧ୍ୟମରେ ସେହି ଦାର୍ଶନିକ ଅଭିବ୍ୟକ୍ତି ତଥା ଅନ୍ତଃସଳିଳା ଜୀବନଦର୍ଶନର କଥା ହିଁ କୁହାଯାଇଛି ।

କେତେବେଳେ କେତେବେଳେ ସ୍ୱପ୍ନାବିଷ୍ଟ ଓ ସ୍ୱପ୍ନାଦିଷ୍ଟ ହୋଇ ଏସବୁ ମୋ'ର ଲେଖକୀୟ ସତ୍ତାଦ୍ୱାରା ମୂର୍ତ୍ତମସୀରୂପ ଲାଭ କରିଛନ୍ତି । କିନ୍ତୁ ଏହି କବିତାଗୁଡ଼ିକର ମୂଳ ଅମୂର୍ତ୍ତ ରୂପ ସଂପୂର୍ଣ୍ଣରୂପେ ଏଠାରେ ରହିନାହିଁ - ରହିବା ସମ୍ଭବ ମଧ୍ୟ ନୁହେଁ । କାରଣ ସେ ଅମୂର୍ତ୍ତଚେତନା / ଭାବଧାରାକୁ କେହି ବନ୍ଦୀକରି ରଖିପାରେନା । ମୁଁ ବି ପାରିନାହିଁ । କିନ୍ତୁ ଜାଣିଛି ଅବଶ୍ୟ ଯେ, ସେହି 'ଅମୂର୍ତ୍ତ ପକ୍ଷୀ' କିଂଚିତ୍ କାଳ ପାଇଁ ହେଲେ ମଧ୍ୟ ଉପଯୁକ୍ତ, ଅନୁଯୁକ୍ତ ଅରୂପ ପାଠକୀୟତାପାଶବଦ୍ଧ ହେବା ନିଶ୍ଚିତ ।

ବାଲେଶ୍ୱର
ତା ୦୨.୧୦.୨୦୨୨ରିଖ

ସନ୍ତୋଷ କୁମାର ନାୟକ
ଲେଖକ

ସୂଚିପତ୍ର

ଗୋପପୁର ନଈ	୧୫
ବାୟୁ-ବିଜ୍ଞାନ	୨୫
ବାଷ୍ପୀଭବନ	୩୧
ଅମିସା ଗୀତ	୩୬
ରାହୁ ପାଇଁ ଗୀତଟିଏ	୪୧
କିରାତ ଉପାଖ୍ୟାନ	୪୫
ସଂହିତା	୪୮
ବ୍ରାହ୍ମଣ	୫୧
ଆରଣ୍ୟକ	୫୫
ଚାରିପାଦ	୫୮
ଯାଜ୍ଞବଲ୍କ୍ୟ ସର୍ବେକ୍ଷଣ	୬୩
ଅନ୍ୱେଷୀ ଶାମୁକା	୭୦
ଦାସୀଟିର ଉକ୍ତି	୭୩
ଶ୍ରୀରାଧା ପାଇଁ ଗୋଟିଏ ଗୀତିକା	୭୬
ଅନ୍ତରଂଗ ବନ୍ଧୁ ପାଇଁ ଗୀତଟିଏ	୮୦
ଜଣେ ନା ଦି'ଜଣ	୮୫
ଶବ୍ଦ	୯୨
କବିତା	୯୬
ଇତ୍ୟାଦି ଓ କବିଟିଏ ପାଇଁ	୯୯
ପିତାମହ	୧୦୨
ଗୋପପୁର ରାତି	୧୧୦
ରାତିର ଚୌହଦୀରେ ଗୋପପୁର	୧୧୪

ଗୋପପୁର ନଈ

ନଈଯାଏ ଧାଇଁ ଧାଇଁ
ଗୋପପୁର ଗାଲେ ଗେଲ କରି
ସରାଗ, ସେନେହ ଢାଳି ନଈ ତା'ରି କାନିରେ ଆଉଁସି
ଧାଇଁଯାଏ ବ୍ୟାକୁଳ ମନରେ
ସତେକି ଆଣିବ ଘେନି ମଳୟକୁ, ଚନ୍ଦନକୁ
ଦକ୍ଷିଣ ଦିଗକୁ ଧାଏଁ କାଶତଣ୍ଡୀ ମୂଳେ ମୂଳେ,
କାଶଫୁଲ ଛାଇରେ ଛାଇରେ
ମା' କ'ଣ ଝୁଣ୍ଟିପଡ଼େ ବେଣାମୂଳେ,
ଅଂକାବଂକା ବାଟେଘାଟେ, ଜଟିଳା ଝାଟିରେ ?

ନଈ ଆରପାରି ବଣ
ଜାତି ଜାତି କେତେ ପକ୍ଷୀ ଡାକ
ନଈର ଏପାଖେ ମାଆ, ମାଟି ଆଉ ନିଜର ମହକ ।
ନଈଯାଏ ଛାତିଚିରି ଚୁପ୍‌ଚାପ୍ ମିଶିବାକୁ
ଅଜଣା ଦେଶରେ
ନଈ ଆଣେ ପାଣିରେ ତା' ପାଲିଙ୍କିରେ ମହଙ୍ଗା ଭଡାରେ
ମାମୁଘର ଅଜାକଥା, ଆଇ କଥା,
ଚକା ଚକା ଭଉଁରୀରେ ବାହି ଆଣେ
ମାମୁଘର ଚଉଁରୀର କଥା
ମୋ'ର ସେଇ ରଫ୍‌ଖାତା କାଗଜର ଭାସନ୍ତା ଡଙ୍ଗାରେ ।

ଗୋପପୁର ସୁନାପିଲା, କୁନିପିଲା,
ସୁଧାର, ସୁନ୍ଦର ପିଲା ଗୋପପୁର
ସତେ ଅବା ସମସ୍ତଙ୍କ ଗାଁ ମାଟି-ଝାଟିର ସହର।

ଗୋପପୁର ଅତି ନିଜ କ୍ଷେତପରି, ଗାଁ ପରି
ବିଶ୍ୱରୂପ ଆଁ ପରି, ନିଜପରି, ମାମୁଘର ପରି।

ଏଇ ନଈ ଛାତିପରେ ଜହ୍ନ ଉଏଁ, ଆସ୍ତେ ଆସି ଉଏଁ
ଚଲାବୁଲା କରିସାରି, ଖେଳକୁଦ, ଗେଲ କରିସାରି
ଅସ୍ତଯାଏ, ମାମୁଘର ଚାଲିଯାଏ, ସ୍ମୃତି କିଛି ଯାଏ ନେଇ
ଛାତି ତଳେ ଆସ୍ତେ ଛପି ଯାଏ।

ଗାଁ ତା'ର ଅଜାଡ଼ି ହୋଇ ପଡ଼ିଥାଏ
କିଆରି କିଆରି ଧାନଗଛ, ହିଡ଼ ସେପାରିର
ହରଡ଼, ମୁଗ କି ରାଶି ଗଛ ଫୁଲ ଭିତରେ
ମୁନ୍ଦେ ମୁନ୍ଦେ କରି ସକାଳୁ ସକାଳୁ ମଗୁଶିର ମାସ
ବୁନ୍ଦା ବୁନ୍ଦା କାକର ଟୋପା ପରି ।

ହିଡ଼ର ମଝିରେ ମଝିରେ ଠିଆ ହୋଇ
ଛୋଟ ଠୁ ବଡ଼ ସମସ୍ତେ ନିଘା ରଖନ୍ତି,
ଗାଁଟା ଯାକର, ପାଞ୍ଚପୁରୁଷର ତାଳଗଛ ସବୁ,
ଚାହିଁ ରହିଥାଆନ୍ତି ଦିବାନିଶି, ବର୍ଷ ତମାମ୍
ନବଯୌବନ ବେଶଠାରୁ ଆରମ୍ଭ କରି
ବାମନ, ବନଭୋଜୀ, ଅବକାଶ, ସୁନାବେଶ ଯାଏଁ
ଗୋଟିଗୋଟି କରି, ସ୍ୱପ୍ନ ଆଉ ଆଶାକୁ ମିଶାଇ
ସାଢ଼େ ବତିଶି ବେଶକୁ ।

କଳାଧୂସର ଚାଳ ଟାଇଲି ଉପରୁ
ନିଶମୋଡ଼ି ମୋଡ଼ି ଖେଳ ଦେଖଉଥିବ ଧୂଆଁ,
ଖୁସିରେ ପାଚିଲା କଦଳୀ, କୋଳି କି ପିଜୁଳି ଖାଇ
କିଚିରି ମିଚିରି ଗୀତ ଗାଉଥିବେ ଘରଚଟିଆ ଆଉ
କପୋତ-କୋପତୀ । କଇଁମାନେ ଗାଡ଼ିଆର
କାଚକେନ୍ଦୁ ପାଣିରେ ବେକ ପର୍ଯ୍ୟନ୍ତ ବୁଡ଼ି
ତପସ୍ୟା କରୁଥିବେ ତମାମ୍, ସମୟ, ସାରା ରାତି,
କେଶର ମଧ୍ୟରେ ଜାଗର ଜାଳିଲା ପରି ।

ଚାଟଶାଳୀରୁ ଛବିଳ ମଧୁବର୍ଣ୍ଣବୋଧର
ଶବ୍ଦ ସବୁ ଋଷି ଆଶ୍ରମରୁ ପ୍ରଣବ ଧ୍ୱନିର କ୍ଷରଣ ପରି
ଭାସିଆସୁଥିବ କଅଁଳ ସମବେତ କଣ୍ଠସ୍ୱର ।
ତାକୁ ଆକଣ୍ଠ ପାନ କରି
ଆନନ୍ଦରେ ପହଁରୁଥିବେ ଦୁଃଖଘର ପୋଖରୀର ମରାଳବରମାନେ,
ଗଛମାନେ ନଇଁ ଆସୁଥିବେ ବଉଳ ଧରି ତଳକୁ
ଆଉ ଚାଷୀମାନେ ମାତାଲ୍ ହୋଇ ସ୍ୱପ୍ନରେ
ଖାଲି ପାଦରେ ଧାଇଁ ଯାଉଥିବେ ବିଲବାଡ଼ିକୁ
ଗୋଟାଇ ଆଣିବାକୁ ସାତ ସପନର,
ଅଯୁତ ଦିନ ତଳର ଗୀତିକା,
ତାଙ୍କ ପାଇଁ ସବୁ ଘା'ର ମଲମ,
ଚିରକାଳ ବିଶଲ୍ୟକରଣୀ ।

ଗାଧୁଆ ତୁଠରେ ସବୁକିଛି ଧୋଇ ଯାଉଥିବ
ମୋହ-ମାୟା-ଛନ୍ଦ-କପଟର ମଳିଧୂଳି
ଆଖିରେ ପାଣିଛାଟ ପରି ଭାଇଚାରାର ସଜଳ ସ୍ମୃତି
ଧୋଇ ନେଉଥିବ ସବୁ ଆବିଳତା।
ଆରମ୍ଭ ହେଉଥିବ ନୂଆ ଏକ ଦିନର,
ନୂଆ ଏକ ଜୀବନର, ପୁନର୍ଜୀବନର ଛନ୍ଦରେ
ବାଜି ଉଠୁଥିବ ନବଜୀବନର ରାଗିଣୀ ଅପୂର୍ବ।

ପୀଢ଼ରେ ପୋଇ-କଖାରୁ ଓ ଲାଉର ଲଟା ସବୁ
ସବୁଜ ପତାକା ଧରି ସୈନିକ ପରି
ଉଠୁଥିବେ ଚାଳ ମଥାନକୁ। ସଜନା ଫୁଲର
ଖଟା ଚୁଲିପରେ ରାନ୍ଧିଲାବେଳେ
ଗଛରେ ଝୁଲନ୍ତା କଷି ସରୁ ସରୁ ଛୁଇଁ
ଆନନ୍ଦରେ ଝୁଲିଝୁଲି ପବନର ମିଛ ଝୁଲଣାରେ
ଗାଉଥାନ୍ତି 'ମନବୋଧ ଚଉତିଶା',
'ଗୋବିନ୍ଦ ଚନ୍ଦ୍ର'ରୁ ପଦେ ଅଧେ ଧୀର ସୁରେ
ଧୀରେ ଧୀରେ ଚାଳ ମଥାନରେ।

ନଈଯାଏ ବହି ବହି ଖବର ଅନ୍ତର ନେଇ
କେତେ ଫୁଲ କେତେ କଢ଼ କେତେ ପତ୍ର ନେଇ
କରଞ୍ଜ ଓ କୃଷ୍ଣଚୂଡ଼ା, କଇଁଆ ପତର
ଚହଲା ପାଣିରେ ନେଇ କେତେ ଛାଇ
ଚାଷୀ ଆଉ ଗୋପପୁର ବାସୀଙ୍କର
ଗତରାତି ବାସିଗୀତ ନେଇ ।

ଏ ନଈ ତ ଯାଏ ବହି, ଯାଏ ନେଇ ବାଟର ବାରତା
ନଈର ସେ ମୁଣ୍ଡ ବନ୍ଧ ପାଖେ ସତେ
ଢିମା ଢିମା ଆଖିକାଢ଼ି ଚାହିଁରହେ
କା'ଲି ପରି ଲାଗୁଥିବା
ଗୁରାସାହୁ, ଭୀମା ବୋଉର ମାଲ ଆଟିକା ।

ଏ ନଈର ବନ୍ଧ ପାଖେ ନାହିଁ ଲାଗେ ଡର
ବରଗଛ, ମଲାଲୋକ, ନିଛାଟିଆ ରାସ୍ତା ଅଛି ସେଠି
ଯେତେ ଏକା, ଯେତେ କଳା ହେଉପଛେ ରାତି
ଶୁନ୍‌ଶାନ୍ ଦ୍ୱିପହରେ ଯିଏ ଯାଉପଛେ
ସେ ଆମର ଚିରସାଥୀ, ସେ ବଳ ଆମର
ଏଇ ନଈ, ଏଇ ବନ୍ଧମୁଣ୍ଡ କଡ଼େ
ଜାଗ୍ରତା ଏ ଗ୍ରାମ ଦେବତୀ ।

ମେଘମେଳେ ଜହ୍ନଯାଏ ଭାସି ଭାସି
ଗୀତଗାଇ ପୁରୁଣା ଦିନର
କାହାଛାତି ତଳର ବା ଗୋପପୁର ଭିତର ହିଆର
ଜହ୍ନଯାଏ ଢାଳିଢାଳି ସ୍ମୃତି ସବୁ ରଜତ ମାୟାର
ନଈପାଣି ଧଳାଦିଶେ ଏ ମାୟାରେ
ସତେଅବା ଏଇ ନଈ ଗୋଟା ଗୋପପୁର ।

ଏଇ ନଈ ଗାଉଥାଏ 'ଯୋଗୀଗୀତ'
ଗାଉଥାଏ 'ରାମନାମ ସତ',
ବାବାଜୀଙ୍କ ପ୍ରବଚନ, ଆରପାରି ଦଶଟା ମଉଜା
ସାରା ଲୋକଙ୍କର ମତ, ଏଇ ବାଟେ ଆସେ
ଏ ନଈ ରେ ଭରା ସବୁ
ମନ, ପ୍ରାଣ, ଆତ୍ମା, ଇଚ୍ଛା
ଆଖପାଖ ମଉଜାର ସବୁ
ସତେଅବା ଏ ନଈରେ
ଗୋଟାସାରା ଗୋପପୁର ଭାସେ ।

ଷଠିଘର ଠାରୁ ଦଶହରା ଯାଏଁ ସବୁର
ସାକ୍ଷୀ ଏ ନଈ-
ଏଇ ନଈ କରେ ଆବହନ ପୁଣି
ଏ ନଈରେ ବିସର୍ଜନ
ଖଇ ଓ କଉଡ଼ି ଯାଏ ଲୀନ ହୋଇ ଏଠି
ମାମୁଘର ଯିବାପାଇଁ ସାଥେ ତା'ର ନେଇ
ଏଇ ନଈ ସବୁ ଦେଖେ, ସବୁ ଶୁଣେ, ସବୁ ଜାଣେ
ସବୁବାଟ, ସବୁ ଘାଟ ଯିବାପାଇଁ
ଏକମାତ୍ର ରାସ୍ତା ଏଇ ନଈ ।

■

ବାୟୁ-ବିଜ୍ଞାନ

ମୁଁ ଶ୍ୱେତକେତୁ ହେବାକୁ ଚାହେଁନି
କି ମୁଁ ଗିଳିଦେବାକୁ ଚାହେଁନି
ସବୁକିଛି, ସମୁଦ୍ର ପରିକା
ମୁଁ ମଧ୍ୟ ଚାହେଁନା ବିଲୟ
କରିଦେବାକୁ ସବୁ କିଛିକୁ,
ମୁଁ ଚାହେଁ
ଖାଲି ଟିକେ ଜାଣିବାକୁ, ଚିହ୍ନିବାକୁ,
ଦେଖିବାକୁ, ଅନୁଭବିବାକୁ
ସେଇ ବାୟୁର, ସେଇ ଶୂନ୍ୟତାର
ସ୍ୱର-ସ୍ୱରୂପକୁ।

ମୁଁ ଚାହେଁନା ପ୍ରଚାର କରିବାକୁ
ଅଥବା ବ୍ୟାଖ୍ୟା କରିବାକୁ
ବାଚାରମ୍ଭଣ ଦର୍ଶନକୁ ବା
ତତ୍ତ୍ୱମସିର ତାତ୍ତ୍ୱିକ ଦିଗକୁ
ମୁଁ ଚାହେଁ ମୋ' ଭିତରେ
ଅନୁଭବିବାକୁ, ସେ ସମୁଦ୍ରର ଲୁଣିପାଣି
ଥରେ ପ୍ରତିଥର ।

ମୁଁ ଜ୍ଞାନ-ଅଜ୍ଞାନର ଊର୍ଦ୍ଧ୍ୱରେ
ଧାରଣ କରିବାକୁ ଚାହେଁ
ବିଜ୍ଞାନର ପାତ୍ରକୁ-
ଯେଉଁ ପାତ୍ରକୁ ଧାରଣ କରିଥିବ
ମାଟି ଓ ଆକାଶ
ଯେଉଁ ପାତ୍ରକୁ
ଧାରଣ କରିବାକୁ ଆଉକେହି
ଜଣେହେଲେ ନଥିବେ କେଉଁଠି ।
କାରଣ ସେ ପାତ୍ର
ବନିଯିବାକୁ ଚାହେଁ ନିଜେ ମୁଁ ।

ମୁଁ ଖାଲି ଶୁଣିବାକୁ ଚାହେଁ
ଅଶ୍ରୁତକୁ, ଜାଣିବାକୁ ଚାହେଁ
ଅଜଣାକୁ ମୁଁ ଖେଦିଯିବାକୁ ଚାହେଁ
ଗହୀର ବିଲର ସେପାରିରେ ଥିବା
ଶୂନ୍ୟତା ଓ ମହାଶୂନ୍ୟତାକୁ।

ମୁଁ ଚାହେଁ ଟାଣିବାକୁ
ସଂସାର ଯାକର ଦୁଃଖ କଷ୍ଟପୂର୍ଣ୍ଣ
ଜାଣିଥିବା ଭାରି ଶଗଡ଼କୁ
ମୁଁ ଚାହେଁନି ରୈକ୍ୱ ପରି
ଧାର୍ମିକ ହେବାକୁ
ମୁଁ ଚାହେଁ ପଣ୍ଡିତ ବା-
ମହାଜ୍ଞାନୀ ବନିବାକୁ
ଯାଜ୍ଞବଲ୍କ୍ୟ ପରି-
ମୁଁ ଚାହେଁ କେବଳ ଥରେ
ଜାଣିବାକୁ ଅକ୍ଷରକୁ
ଚିହ୍ନିବାକୁ ଶୂନ୍ୟ ଅନିଳକୁ
ଜଳ ଅଗ୍ନି, ସୂର୍ଯ୍ୟ, ଚନ୍ଦ୍ର ତାରା କୋଟିକୋଟି
ଯେଉଁଥିରେ ମିଶିଯା'ନ୍ତି ଖେଳିକୁଦି
ଗୋଟି ଗୋଟିକରି ।

ଛଅଶହ ଗାଈ ଅବା ସ୍ୱର୍ଣ୍ଣହାର ନାହିଁ
ନାହିଁ ମୋ'ର ଧନରତ୍ନ ଦେବାକୁ
କାହାକୁ, ମୋ'ର ଆତ୍ମ ବିନିମୟେ
ଏ ଜୀବନେ ଛୁଇଁବାକୁ
ଚାହେଁ ମୁଁ ଭୂମାକୁ
ପଶିବାକୁ ଚାହେଁ ଥରେ
ସଶରୀରେ ଅକ୍ଷର ସୀମାକୁ।

ମୁଁ ଉଷସ୍ତ ପରି ଆଜି
ଜାଣିବାକୁ ଚାହେଁ ଥରେ
ମୋ' ଭିତରେ ସର୍ବାନ୍ତର ଅକ୍ଷର ଆତ୍ମାକୁ।

■

ବାଷ୍ପୀଭବନ

ସତରେ କହିଲ ଥରେ ଭାବିଚିନ୍ତି-
ସତେ କ'ଣ ସ୍ତ୍ରୀ ପ୍ରିୟ ନିଜେଇ ନିଜର ?
ସତେ କ'ଣ ସ୍ୱାମୀ ପ୍ରିୟ ନିଜେଇ ନିଜର ?
ସତେ କ'ଣ ଧନ ପ୍ରିୟ ଅଟଇ ଧନର ?
ସତେ କ'ଣ ତୁମେ ପ୍ରିୟ ତୁମର ଓ
ମୁଁ ପ୍ରିୟ କେବଳ ମୋହର ?

ଦେହ ଯଦି ପ୍ରିୟ ମୋ'ର
ମଲାପରେ, ନିଶ୍ୱାସଟି ଚାଲିଗଲା ପରେ,
ଯଥାପୂର୍ବ ଦେହଟା ତ ପଡ଼ିରହେ
ଶେଯପରେ ଅବା କେଉଁ ସୌଖୀନ ସ୍ଥାନରେ
ଅବଶ୍ୟ ଆମକୁ ଛାଡ଼ି, ଦେହଛାଡ଼ି
ଚାଲିଯାଏ ଆତ୍ମା ବୋଲି ମନଦୁଃଖ ହୁଏ
ବିଚରା ଦେହଟା ଆଉ
ହସେ ନାହିଁ, କାନ୍ଦେ ନାହିଁ, ଚୁପ୍‌ଚାପ୍ ରୁହେ
ମାଟିରେ, ଜଳରେ ଅବା
ଅଗ୍ନିରେ ମିଶିଯାଏ ପୂରା ନୀରବରେ ।

ତେଣୁ ଏ ଆତ୍ମାଟି ପ୍ରିୟ
ହଜିଯିବା ଭୀଷଣ ଡରରେ,
ତେଣୁ ଏ ଆତ୍ମାଟି ଖାଲି ଦ୍ରଷ୍ଟବ୍ୟ, ଶ୍ରୋତବ୍ୟ
ତେଣୁ ଏ ମନନଯୋଗ୍ୟ, ଏଇ ଆତ୍ମା
ନିଦିଧ୍ୟାସିତବ୍ୟ ।

ଏ ଜଗତେ, ଏ ଶରୀରେ ଅଛି ସବୁକିଛି
ଏ ଜଗତ, ଏ ଶରୀର ଛାଡ଼ିଦେଲେ
ଆଉସବୁ ମିଛ,
ମିଛ ସବୁ ମାୟାମୟ,
ମୋହମୟ ସ୍ୱର୍ଗର ସୌନ୍ଦର୍ଯ୍ୟ,
ନାହିଁ କିଛି କରିବାର, ଶୁଣିବାର, ଦେଖିବାର
ଅବା ଜାଣିବାର,
ଏ ଶରୀର ଛାଡ଼ିଦେଲେ
ଅକ୍ଷର ଆତ୍ମାର ଭେଟ ନିଶ୍ଚେ ଅନିଶ୍ଚୟ।

ହେଲା ପଥର ପରି ଚହଲା ଦେହରେ
ଚହଲା ପାଣିରେ ଅଛି ଲବଣର ସ୍ୱାଦ
ଥରେ ପାଣି ଉଡ଼ିଗଲେ, ଛାଡ଼ିଗଲେ
ଲବଣକୁ ମେଘ ମଣ୍ଡଳକୁ
ଲବଣର ଆସ୍ୱାଦନ କେଉଁଠାରେ
ହୁଏନି ସମ୍ଭବ
ଯାହାର ଅଭାବେ ଓ ଅତିଭାବେ
ସବୁ ଶିବ- ଶବ ଓ ଶରବ୍ୟ।

ଅମିସା ଗୀତ

ଜହ୍ନ ଆଜି ମନକରେ ଖେଳିବାକୁ
ଲୁଚକାଳି, ଜହ୍ନଖେଳେ ସାରାରାତି
ଅନ୍ଧାରର ଆଢୁଆଳେ ରହି ।

ଜହ୍ନର ଏ ଚନ୍ଦ୍ରକଳା ସତେ କ'ଣ ବୁଝାପଡ଼େ
ଆମକୁ, ଏ ଜଗତକୁ, ଜଣେ କାହାରିକୁ ?
ଜହ୍ନ ବଢ଼େ, ଜହ୍ନ କମେ, ଆସ୍ତେ ଆସ୍ତେ
ପୂରାପୂରି ଗୋଟାସାରା ଜହ୍ନଯାଏ ବୁଡ଼ି ।

ଜହ୍ନଯାଏ ହସିହସି ସାଇକେଲ୍ ଚଢ଼ି
ଖୋଜିବାକୁ ଅନ୍ଧାରରେ, ନିରନ୍ଧ୍ର ଅନ୍ଧାରେ
ସେଇ ତା'ର ଟୁକୁଡ଼ାକୁ, ଅଧୁରା ଟୁକୁଡ଼ା,
ଜହ୍ନର ହୋଇଛି ମନ ଖୋଜିବାକୁ
ଅଧା ତା'ର, ହଜିଥିବା, ଭାଜିଥିବା
ଅଂଶ ତା' ଦେହର
ଜହ୍ନ ଆଜି ଅସ୍ତବ୍ୟସ୍ତ, ଜହ୍ନ ମୁହଁ
ଗୋଟାସାର ଝାଳ। ଜହ୍ନ ଆଜି
ଥାଇ ନାହିଁ, ଜହ୍ନ ଆଜି ବୁଡ଼ିଅଛି
ପୂର୍ଣ୍ଣ ସନ୍ତର୍ପଣେ। ଜହ୍ନ ଯାଏ ଖୋଜିସିନା
ସାଇକେଲ୍ ଚୁପ୍‌ଚାପ୍ ଚଢ଼ି, ଏପାଖେ
ଜହ୍ନଟା କିନ୍ତୁ ମନେହୁଏ ଥକିପଡ଼ି
ଚାହେଁ ପୁଣି ଫେରି ।

ଜହ୍ନ ଖୋଜେ, ଆଜି ଖୋଜେ
ସାଇକେଲ୍ ଧରି ଆଜି ଜହ୍ନ ଭାରିଖୋଜେ,
ଜହ୍ନର ଠିକଣା ସତେ ଜହ୍ନ ଆଜି
ସନ୍ତର୍ପଣେ, ସମର୍ପଣେ, ମନଧ୍ୟାନେ
ସମାଧିରେ ଖୋଜେ ।

ଏହିସବୁ, ଖୋଜିବାରେ,
ଗାଁ-ଗଣ୍ଡା, ଗଳି ରାସ୍ତା, ସହର ବଜାରେ
ବିତିଯାଏ, ରାତି, ଦିନ, ବିତିଯାଏ
ସଞ୍ଜ ଓ ସକାଳ,
ବିତିଯାଏ ଦିନ ଦିନ ଘଣ୍ଟିମାରି,
ଯବକାଚେ ଖୋଜାଖୋଜି କରି
ଜହ୍ନର ଘୂରାଏ ମଥା ଘୂରି ଘୂରି
ସାରା ଆକାଶରେ, ଜଳରେ, ସମୁଦ୍ରେ
ଆଉ ପୃଥିବୀର ପ୍ରତିଟି ଗଳିରେ ।

ଜହ୍ନ ଯାଏ ଚେତାଶୂନ୍ୟ ହୋଇ ।

ଧୀରେ ଧୀରେ ଆଖିପତା ନଇଁଆସେ
ଗାଢ଼ ନିଦ୍ରା ଆବରଣେ
ଜହ୍ନଯାଏ ପୂରାପୂରି ବୁଡ଼ି-
ଆଖିଖୋଲି ଦେଖେ ଜହ୍ନ
ଆଉ ନାହିଁ ସ୍ଥିତି ତା'ର-
ଖୋଜିବାର ଆଉ ତା'ର ନାହିଁ
କାରଣ ସେ ଦେଖେ ଖୋଲି ଆଖି ତା'ର
ନିଜେଇ ନିଜକୁ ଖୋଜି
ଯେବେ ପାଏ ନାହିଁ।

ଜହ୍ନ ଦେଖେ ଆଖିଖୋଲି ମିଛଟାରେ
ଧାଉଁଥିଲା ସାରା ଆକାଶରେ
ପୃଥିବୀର ପ୍ରତିଗଳି, ବିଲ, ବଣ,
ଜଗତ ଯାକରେ,
ଜହ୍ନ ଆଜି ଖୋଜିପାଏ ଅନ୍ଧାରରେ
ଅମିସାର ଘୋର ଅନ୍ଧାରରେ
ଗୋଟାସାରା, ପୂରାପୂରି
ମୁଁଆ ପିଠା ପରି ତା'ର ସ୍ୱରୂପକୁ
ଆପଣା ରୂପକୁ
ଜହ୍ନ ଆଜି ପାରେ ଜାଣି
ସେ ଥିଲା ତାହାରି ପାଖେ
ନିଜ ପାଖେ, ଅତି ନିଜ ପାଖେ
ସେ ଥିଲା ତାହାରି ପାଖେ
ନିଜ ମଧ୍ୟେ ନିଜ ନିକଟରେ ।

■

ରାହୁ ପାଇଁ ଗୀତଟିଏ

॥ ୧ ॥

ଏତେ ସରି ହେଲାପରେ
ବାଇଶ କି ଭେଦୁଛି ଏ ନିର୍ବୋଧ ରାହୁର !
ବିଚରା ଏ ରାହୁ !
ହାଉ ହାଉ ହୋଇ ଖାଲି ଧାଇଁଯିବା
ଏପାଖ ସେପାଖ
ଏଇତ ଭାଗ୍ୟ ତାହାର, ଏଇତ କପାଳ
ଅଖୋଜା ପାଇବା ଆଉ
ଖୋଜିପାଇ ପୁଣି ହରାଇବା
ପବନ ଛାଣିବା ପରି ଜାଲ ଧରି
ହାତଗୋଡ଼ ନିଶେଇବା ସାରହେବା ପରି
ଅଗ୍ନିକୁ ଗିଳିବା ଅବା
ପଲପଲ ଶାଗୁଣାଙ୍କ ସହ
କର୍କଶ ଚଞ୍ଚୁର ଚୁକ୍ତି
ହାଡ଼ମାଂସ ବଦଳେ କରିବା ।

॥ ୨ ॥

ରାହୁ ଧାଏଁ, ରାହୁ ଗିଳେ,
ରାହୁ ଥରେ ପ୍ରତିଥର ତାକୁ ଗିଳିଚାଲେ
ରାହୁ କି ସତରେ ପାରେ
ଗିଳିଦେଇ ଏଇ ଜହ୍ନଟାକୁ !

ସତରେ କି ରାହୁ ପାରେ
ଜୀର୍ଣ୍ଣ କରି ତାକୁ !

ଜହ୍ନ କ'ଣ ପ୍ରାପ୍ୟ ଏ ରାହୁର ?

ସତରେ କି ଏଇ ରାହୁ
ପାଏ ଏଇ ଜହ୍ନର ଠିକଣା !

ରାହୁ ଧାଏଁ, ରାହୁ ଗିଳେ
ରାହୁ ପାଇ– ନପାଏ, ହଜାଏ
ରାହୁ ଚାଲେ ମରିଚାଲେ
ଝୁରିଝୁରି ଆସ୍ତେ ଆସ୍ତେ ମରେ ।

॥ ୩ ॥

ରାହୁ ପାଇଁ ଜହ୍ନଟିଏ
ଅଥବା ଏ ରାହୁଟିଏ ଜହ୍ନପାଇଁ ଥାଏ
ଜାଣିବା ମୁସ୍କିଲ୍ ସତେ
ରାହୁ ଓ ଜହ୍ନର ଏଇ ଛକାପଞ୍ଝା
ଧାଁ-ଦୌଡ଼
କାହା ପଛେ କିଏ ଧାଉଁ ଥାଏ ।

॥ ୪ ॥

ରାହୁ ବୁଲେ ସାଗରର ତଟେ ତଟେ
ନେଇ ତା'ର କଟାମୁଣ୍ଡ
ଭଂଗାଛାତି, ଭଂଗାହାଡ଼, ଭଂଗାମନ
ଯୋଡ଼ିବାକୁ ଚେଷ୍ଟାକରି ରାହୁ ଧାଏଁ
ସାଗରର ବାଲୁକା ବକ୍ଷରେ
ସାଁ ସାଁ ପବନର ସୁଏ ସୁଏ
ଝାଉଁବଣ- ନିର୍ଜ୍ଜନତା
କୋଳାହଳ ଗହଳି ଭିତର
ଆକାଶ ଓ ପୃଥିବୀର କାୟାପରି
ମହୋଦର ପରି
କାୟା ନେଇ, ଉଦରଟେ ନେଇ ।

॥ ୫ ॥

ରାହୁ ଗାଏ ଗୀତଟିଏ ସମୁଦ୍ର ବେଳାରେ
ଗୁଣୁଗୁଣୁ ଅଜଣା ସ୍ୱରରେ
ଅଥଚ ଏ ରାହୁଗୀତ ମନେହୁଏ
ଅତି ଏକ ପରିଚିତ,
ନିବିଡ଼ ଓ ନିରୁତା ନିଜର
ରାହୁସାଥେ ମିଶିଯାଏ ସତେ ମୋର
ଆଖି କାନ, ନାକ, ପାଟି, ଇନ୍ଦ୍ରିୟ
କଣ୍ଠସ୍ୱର, ଚିତ୍କାର ଭାଗ୍ୟ ଓ ଉଦର ।

■

କିରାତ ଉପାଖ୍ୟାନ

ହେଇତ ସେ ହିରଣ୍ମୟ ପକ୍ଷୀଟି ବସିଛି !

କ'ଣ ଯେ ପକ୍ଷୀ ! କୁଆଡ଼େ ଏ ଯାଏ !

ଏଟା ପକ୍ଷୀ ନା ପବନ ! ଧେତ୍...

ଯାକୁ ଧରିବାକୁ ଯାଇ
ବିନ୍ଧିଗଲାଣି ମୋ'ର ହାତ
ନିଶେଇ ପଡ଼ିଲାଣି ପାଦ ଆଉ ଥକିଗଲାଣି
ବିଚରା ଚଞ୍ଚଳ ମନ ।

ଲୁହା ଗୁଡ଼ି ଗୁଡ଼ାକର ପରସ୍ପର ଚୁମ୍ବନ
ଆଉ ଆଶ୍ଳେଷ ମୁଦ୍ରାର ଦୃଶ୍ୟ ଓ ଶବ୍ଦ ଛଡ଼ା
କିଛି କ'ଣ ମିଳୁଛି ଅଧିକ ? ସବୁ ବେକାର !
ଯେତେକ ବୋକା, ମେଣ୍ଢା, ଓଲୁ ଆଉ
ନିପଟ ଗଧ, ଗଣ୍ଡ ମୂର୍ଖ
ସେଇମାନେ ଧାଁଆନ୍ତି ଜାଲଧରି ମହଣେ ଓଜନର
କ'ଣ ନା ସୁନାପକ୍ଷୀ ପଡ଼ିବ ସେ ଜାଲରେ ।

ମୁଁ ବି ସେଇୟା । ମାନେ ଓଲୁ ଗଧ...
ନିର୍ବୋଧ ଏକ ବଣୁଆ କିରାତ-ଟିଏ
ମୁଁ ବି ଧାଉଁଛି ସେଇ ହିରଣ୍ମୟ ପକ୍ଷୀଟି ପଛରେ ।

ମୋ'ଜାଲ ଚିରିଗଲାଣି ଶହେଥର
ରଫୁକରି କରି ଚାଲିଛି ମୋ' ଭାଗ୍ୟକୁ
କାଳେ ସେ ରଫୁକରା, ଦରଫଟା ଭାଗ୍ୟରେ
ଥିବ କେବେ ସୁନାପକ୍ଷୀର ଅପୂର୍ବ ପରଶ !
ସେ ପକ୍ଷୀର ନୀଳାପରି ଆଖିର ଗଭୀରତାରେ
ଥରେ ବୁଡ଼ମାରି ଆସିଲେ
ସବୁ ଯନ୍ତ୍ରଣା, ସବୁ କ୍ଳାନ୍ତି, ବିଷଣ୍ଣତା
ଆପଣାଛାଁଏ ଚାଲିଯିବନି ପବନରେ ମିଳେଇ ?

ତା'ର ଚୁପ୍‌ଚାପ୍ ବସିଥିବା ଓ
ନିର୍ନିମେଷ ଅପଲକ ନୟନରେ
ନିଷ୍ପାପ ଦାର୍ଶନିକଟି ପରି ଦେଖୁଥିବା
ଦୃଶ୍ୟକୁ ଦେଖିଦେଲେ
ପୂରିଯିବନି କି ଭୋକରେ ଜଳି ଯାଉଥିବା ଉଦର ?

ଧରା ନପଡ଼ିଲା ନାହିଁ
ଦେଖା ନହେଲା ବି ନାହିଁ
ଏତେଦିନ ଖୋଜାପରେ
ମରୁ, ବଣ, ଜଙ୍ଗଲ, ପାହାଡ଼, ପର୍ବତ,
ଦରିଆ, ଏପରିକି ସାରା ପୃଥିବୀଟା
ଏପାରି ସେପାରି ହୋଇ ମଣିଷ
ସତରେ ଥକି ପଡ଼ିଲାଣି ।

ଏସବୁ ନହେଲା ନାହିଁ
ଉଡ଼ିଯାଉଥିବା ବେଳେ ପର-ଟିଏ
ଉଡ଼ି ନ ଆସିଲା ନାହିଁ- ହେଲେ
ଛାଇଟିଏ ତ ପଡ଼ନ୍ତା ଆଖିରେ !

ଏତିକି ତ ଲୋଡ଼ା ଏଇଟିକି ଜୀବନରେ
ବଞ୍ଚିବାକୁ ମରଣଠୁ, ପାଇବାକୁ ଠିକଣା ମୃତ୍ୟୁର
ସେ ପକ୍ଷୀର ଛାୟା ଛାଡ଼,
ତା' ଡେଣା ବିଂଚାରେ
ଟୋପାଏ ଅମୃତ ପରି ଛାଇଟିଏ ସୂକ୍ଷ୍ମ ପରଟିର ! ! ? ?

■

ସଂହିତା

କେତେ ରଂଗର ଶିପ, ଶାମୁକା
ଗୋଟେଇଲିଣି ଆଜିଯାଏ
ଠିକ୍ ଠିକ୍‌ଣା ନାହିଁ।

ଘରେ ସୋକେସ୍‌ରେ
ସଜାଇ ରଖିଛି ସେସବୁକୁ
ଗୋଟିଗୋଟି କରି।

ନାଲି, ନେଳି, ହାଲୁକା ବାଦାମୀ
ହରେକ ରଂଗର ଶାମୁକା,
ଶାମୁକା ଭିତରେ ସାଇତି ରଖିଛି
ସକାଳ ଠୁ ସଂଧ୍ୟା, ସଂଧ୍ୟାରୁ ସକାଳ
ଦ୍ୱିପହର, ଖରାବେଳ ଆଉ ଗୋଧୂଳି ସମୟର
କେତେକେତେ ଅନୁଭୂତି
କେତେକେତେ କଥା ଯାହା
ପଶିଆସେ ଦ୍ୱାର ଠେଲିପେଲି
ବିନା ଖବର, ବିନା ଟେଲିଗ୍ରାମ୍
ବା ଚିଠି ପତ୍ରରେ।

ମୋ ଘରର ପ୍ରତିଟି ସେଲଫ୍,
ପ୍ରତ୍ୟେକ ଟେବୁଲ, ଚେୟାର୍
ଘରଦ୍ୱାର ବନ୍ଧ ଆଉ କାନ୍ଥରେ
ଯାହା ଯେଉଁଠି ଲାଗିବା କଥା
ଲଗେଇ ଦେଇଛି ଠିକ୍ ଠିକ୍ ।

ପ୍ରତ୍ୟହ ସକାଳେ ଉଠିଲେ
ଦେଖେ ଏଇସବୁ ଶିପ ଶାମୁକା ମାନଙ୍କ
ଚିତ୍ର ବିଚିତ୍ର ବର୍ଣ୍ଣବିଭା
ଓ ରୁଣୁଝୁଣୁ ମନ୍ଦ୍ର ଧ୍ୱନି
ବେଦ ମନ୍ତ୍ର ପରି ।

ପ୍ରାୟ ମୁଖସ୍ଥ ହେଲାଣି
ସବୁତକ ମନ୍ତ୍ର-ସ୍ତୋତ୍ର ପରି
ସେମାନଙ୍କ ସ୍ଥାନ, ରୂପ, ରଂଗ
ଜଣାଅଛି ପାତ୍ରତ୍ୱ
ଆଉ ରସ-ଗଂଧ
ଗୋଟିଗୋଟି ସମସ୍ତଙ୍କର
ଚେହେରା ତଥା
ତା' ଭିତରର କଥା ଗୁଡ଼ାକ
ଯାହା ଗଦାମାରି ରହିଛନ୍ତି
ଗେଞ୍ଜା ଗେଞ୍ଜି ହୋଇ
ସେଦିନରୁ ତା' ଭିତରେ ।

ତେବେ ଏତିକି କ'ଣ
ଯଥେଷ୍ଟ ? ମୋ' ପାଇଁ ?
ମୋ କର୍ତ୍ତବ୍ୟ ପାଇଁ ?
ମୋ ବୈଦିକ ଜ୍ଞାନ ପାଇଁ
ମୋ' ନିଜ ପାଇଁ, ଆଜି ପାଇଁ
ପରବର୍ତ୍ତୀ ଦିନସବୁ ପାଇଁ ? ?

ବ୍ରାହ୍ମଣ

କ'ଣ ସବୁ ବିଧାନ ରହିଛି
ଜାଣିବା କ'ଣ ଏତେ ସହଜ ?

କି' ବିଧାନ କେତେ ବିଧାନ
ଜାଣିବା ? କେଉଁଟା ଠିକ୍,
କେଉଁଟା ଭୁଲ୍ ଜାଣିବା ଭିତରେ ତ
ବିତିଯାଉଛି ତମାମ୍ ଜୀବନ ।

ଏଡ଼େ ଅକୁଳା ଏ ଜୀବନ ଯେ
କିଛି ଅଣ୍ଟୁନି ଏଥିରେ ।

ଅନୁଭୂତି, ଆୟୁଷ, ଉନ୍ନତି
ନା ସମୟ- କିଛି ବି ନୁହେଁ ।
ଏଇ ନାହିଁ ନାହିଁର ଦୁନିଆଁରେ
ତାହାଲେ କ'ଣ 'ନାହିଁ' ହିଁ
ସତ ଏକଲା ? କ'ଣ ମୁଁ
ବି ମିଛ ନିଜେ ? ମୋ'ର ଅସ୍ତିତ୍ୱ
ଯଦି ମିଛ, ତେବେ
ଏତେ ତାମ୍‌ସା, ନାଟ
ଚାଲିଛି କାହିଁକି, କାହା ପାଇଁ ?

ମାଟିକୁ ଛୁଇଁଲେ ଗ୍ରାସିଲା ମାୟା ।
ମାୟାର ଦାସ ହେଲାପରେ
ପୁଣି ତା'ପ୍ରତି ଶଠତା
ଛଳନା, ପ୍ରବଞ୍ଚନା, ଭଣ୍ଡାମି
ଓ ଚଞ୍ଚକତା କରିବି କିପରି ?

ତେବେ କ'ଣ ସେ ମାଟି ପ୍ରତି
ବିଶ୍ୱାସର ପାତ୍ର ହେବା
ଭୁଲ୍ ମୋର, ଅପରାଧ ମୋର ?

ହେଲା ସବୁ ମିଛ ! ମାୟା !
ହେଲେ ମିଛ କ'ଣ ମିଛ
ମାୟା କ'ଣ ମାୟା ନୁହେଁ ମିଛ ?
ତେବେ ମାୟା ଯଦି ସତ
ସତ ଯଦି ମିଛର ପୃଥିବୀ
ଗଢ଼ାହେବା ସତ ଆଉ
ଭଂଗାହେବା ସତ
ସେଥିରେ ଆଶ୍ରୟ ନେବା
କେଉଁପରି,
ହେବ ସତେ ହେବ
ଡାହା ମିଛ, ପୂରା ମିଛ କଥା !

କେଉଁ ବେଦ, କେଉଁ ସ୍ତୋତ୍ର
କେଉଁ ନୀତି,
କେଉଁ ବା ବ୍ରାହ୍ମଣ
କର୍ତ୍ତବ୍ୟର ନିଘାରଖି
କହିଛି ବା କରିଛି ନିଦାନ
ସତେ କ'ଣ କହିହେବ
ବ୍ରାହ୍ମଣର ବିଧାନ ଓ
ବିଧାନର ବ୍ରାହ୍ମଣତ୍ୱ
ବାବଦରେ କିଛି ? ?

■

ଆରଣ୍ୟକ

କଂକ୍ରିଟ ଅରଣ୍ୟ ହେଉ
କି ହେଉ ସାବ୍ଜା ସାବ୍ଜା ପ୍ରକୃତିର
ନିଭୃତ ଅରଣ୍ୟାନି
ବଣରେ ରହିବା ମାନେ କ'ଣ ଖାଲି
ବୁଲାଚଲା କରିବା ଏଇ
ବଣୁଆ ପୃଥିବୀରେ ଆଉ
ଜୀବନ ଯାପନ କରିବା ସାତ୍ତ୍ଵିକ ଏକ
ସନ୍ନ୍ୟାସୀ ପରି !

ଜଂଗଲରେ କିଏ ନ ରହେ ?
ମୁଁ, ତୁମେ, ଆମେ ? କିଏ ନ ରହେ ?
ସମସ୍ତେ ରହନ୍ତି ଜଂଗଲରେ, ଏଇ ଜଂଗଲରେ
ଆମେସବୁ ଜଂଗଲୀ,
ଜଣେ ଜଣେ ଜଂଗଲର ଜୀବ ।

ତେବେ ପୁଣି କ'ଣ ଏ ଜଂଗଲକୁ
ଯିବା କଥା କହୁଛନ୍ତି
ଦିସ୍ତା ଦିସ୍ତା କାଗଜ, ତାଳପତ୍ର, ଭୁର୍ଜପତ୍ର ସାରି ?

ବାରବର୍ଷ ବନବାସ ଯିବା ଅଥବା
ବ୍ରହ୍ମଚାରୀ ପରି ପର୍ଶୁଧରି ବୁଲିବା ପରେ
ଛତା କଠଉ ଧରି ଗ୍ରାମ ଗ୍ରାମେ ଭିକ୍ଷାମାଗି
ପୁଣି ଜଂଗଲକୁ ଫେରିଯିବା ପରେ
ଅଥବା ବରାହ ମାନଙ୍କ ସାଙ୍ଗରେ ଏକ ହୋଇଯିବା ପରେ ପରେ
ଅଲିଭ୍ ରିଡ୍‌ଲେଙ୍କ ପଲରେ ମିଶି
ଅଣ୍ଡା ଦେବାପରେ ସମୁଦ୍ରକୁ ଫେରିଯବା
ଅଥବା ସମୁଦ୍ରର ନିଭୃତ ଅରଣ୍ୟାନୀ ରେ
ଶୈବାଳ, ଲାଇକେନ୍ ଆଦି ଖୋଜି
ଖାଇବା ପରେ ପଶିଯିବାକୁ
ବିରାଟ ଘଞ୍ଚ ଏକ ପାହାଡ଼ିଆ ସମୁଦ୍ର ତଳକୁ
ଆଉ କ'ଣ ଫେରିଯିବା ଥରେ
ଜଂଗଲକୁ, ଘଞ୍ଚ ଜଂଗଲକୁ !

ଗୋପରୁ ଦ୍ୱାରକା ଆଉ ମଥୁରାକୁ ଯିବା
ମଥୁରାର ଲୀଳା ସାରି
ଗାଈଗୋଠ ନିତି ନେଇ,
ଜଂଗଲରେ ନାନା ଐଶ୍ୱର୍ଯ୍ୟ ଆଲୋକ
ଦେଖାଇବା ପରେ
ଆଉ କ'ଣ ଜଂଗଲକୁ ଯିବା !
ଜଂଗଲକୁ ଯିବା କଥା
ବାରମ୍ବାର ଲେଖାହେବା ମାନେ
କ'ଣ ଥାଇପାରେ ?

ମୌନହେବା ? ନିଜକଥା ନିଜେ ଅନୁଶୀଳନ
କରିବା, ନା ଏକାଗ୍ର ହେବା
ଯାଜ୍ଞବଲ୍‌କ୍ୟ, ମୈତ୍ରେୟୀ, ଆରୁଣି,
ଶାଣ୍ଡିଲ୍ୟ, ଦିଧ୍ୟଙ୍ଗ୍, ରୈକ୍ୱ, ବାମଦେବ,
ନା ସନତ୍ କୁମାରଙ୍କ ପରି
ନା ପିପ୍ପଳାଦ ନା ପୈଙ୍ଗ୍ୟ ନା
କୌଷୀତିକି ପରି ?
କ'ଣ ଅର୍ଥ ଏ ଆରଣ୍ୟକର ?
ନା ଜାଣିବା, ଚିହ୍ନିବା
ଆମର ଆବଶ୍ୟକତା, ସ୍ୱର ଓ ସ୍ୱରୂପକୁ
ଆମର ସୁଦୂର ଇତିହାସକୁ ?
ଏ ଆରଣ୍ୟକ ସବୁ ନା ବେଦ ପରି
ନା ଉପନିଷଦ, ନା କାହାପରି–
ଏସବୁ ଠିକ୍ ଅରଣ୍ୟର ନିଜଗୁଣ ପରି ।

■

ଚାରିପାଦ

କଳାପଟା ପିଠିପରୁ ଲିଭି ସାରିଲାଣି
ଅତୀତର ସ୍ମୃତିର କାହାଣୀ ।
କିଛି ଚକ୍‌ଖଡ଼ି ଗୁଣ୍ଡ ପଡ଼ିଛି ଜମାହୋଇ
କଳାପଟା ଧାରଟାରେ ସ୍ୱପ୍ନରେ
ମଜଗୁଲ୍ ଥିଲାପରି ଘଣ୍ଟାଘଣ୍ଟା
ଦିନଦିନ ଧରି । ଆଗପରି
ସେମାନେ ଦାଉଦାଉ ଜଳୁନାହାଁନ୍ତି
ଆଉ କଳାପଟା ମୁଖୁଡ଼ାରେ ସ୍ନୋ-
ପାଉଡ଼ର, କ୍ରିମ୍ ମଖା ସମୟରେ
କଥା କହୁଥିଲା ପରି, ଗତକାଲି ପରି ।

ତା'ଛଡ଼ା ଦିନସାରା ଡିମା ଡିମା ଆଖି
ବାହାର କରି ଚାହୁଁଥିଲେ ଏମାନେ
ଶିକ୍ଷକ ଲେଖିଥିବା ପାଠସବୁ,
ଫର୍ମୁଲା ଓ ୧, ୨, କ, ଖ,
କବିତା ପଙ୍‌କ୍ତିରୁ ମୁହଁକାଢ଼ି ।

ବେଶ୍ ଚଲାବୁଲା କରୁଥିଲେ
ସେତେବେଳେ ପ୍ରଥମ ଶ୍ରେଣୀର
ଶିକ୍ଷକ ଥିବା ପର୍ଯ୍ୟନ୍ତ । ତା'ପରେ
କ୍ଲାସ୍‌ର ମନିଟ୍‌ର ବଦମାସ୍ ପିଲାଙ୍କର
ପାଟିତୁଣ୍ଡ କରୁଥିବା, ଏଣେତେଣେ
ଗପୁଥିବା ପିଲାଙ୍କର ନାଁ ତକ
ଲେଖିବା ଭିତରେ । ପ୍ରତ୍ୟେକ
ନାଁରେ ଥିଲା ଚକ୍‌ଖଡ଼ି ଗୁଣ୍ଡଙ୍କର
ତୈଜସ ଚେତନା, କଳରବ,
ହସଖୁସି, ଅନୁଭୂତି ସମଗ୍ର ଶ୍ରେଣୀର ।

ସଂଜ ହେଲାଣି ।
ଚକ୍‌ଖଡ଼ି ଗୁଣ୍ଡସବୁ ବିଛଣାକୁ
ଯିବା ଆଗରୁ ଲଣ୍ଠନ ଜାଳି
ବହିଖୋଲି ବର୍ଣ୍ଣବୋଧ, ଚକ-କଳ
ଆଖି ଆଗେ ରଖି
ଭାବୁଥିଲେ ଆଇସ୍‌କ୍ରୀମ୍, ଲେମନେଡ୍
ପାଉଁରୁଟି, ପିମ୍‌ପମ୍ ବଲ୍ ଅବା
ଖେଳ ପଡ଼ିଆର ମଜାକଥା
ସେ ସ୍ୱପ୍ନରୁ ଉଠିସାରି ମୁହଁହାତ
ଧୁଆଧୋଇ କରି
ଖାଇପିଇ ଆରମରେ ମଶାରି ଭିତରେ
ଘୁଂଗୁଡ଼ି ଫୁଟେଇ ଯାନ୍ତି ।
ନିରନ୍ଧ୍ର ନିଦ୍ରାରେ ।

କାଲିର ସକାଳ ସତେ ଭାରିକଷ୍ଟ
କାଲିର ସକାଳ ।
ଆସନ୍ତା କାଲିର କ୍ଲାସ୍ ଭାରି
ମାଡ଼େ ଡ଼ର ।
ଅଙ୍କ ଓ ବିଜ୍ଞାନ ସାର୍ ପଚାରିବେ
କାଲିକାର ପାଠକଥା;
୧, ୨, କ, ଖ କଥା,
କଳାପଟା ପିଠିଟାକୁ ଲିଭିଥିବା
ଚକ୍‌ଖଡ଼ି କଥା-
ପିଠିହ୍ଲଏ କୁଣ୍ଡେଇ ସେ ଚକ୍‌ଖଡ଼ି
ଗୁଣ୍ଡଙ୍କର, ମଜିଥିଲେ ଯେଣୁକାଲି
ଘମାଘୋଟ ଧାଁ ଦୌଡ଼, ଖେଳକୁଦ,
ଲୁଚାପୁଚି, ଚୋର ପୋଲିସ୍,
ବିଷ-ଅମୃତରେ । କାଲିକାର
ଖେଳପରେ ସ୍ୱପ୍ନ ଖୋଲା ଆଖିଟାର
ଆଜି ତ ମହଙ୍ଗା ।
ମଶାରି ମଶାରୁ ସିନା ରକ୍ଷାକଲା
ମାଷ୍ଟର-କରବୀର ଛେଡ଼ିର
ପ୍ରକୋପ କିନ୍ତୁ ମଶାରିର କରିବାର
କ୍ଷମତା ବାହାରେ ।

ଏତେବେଳେ ବ୍ଲାକ୍‌ବୋର୍ଡ଼ ମୁଖୁଡ଼ାରୁ
ଲିଭିଥିବା, ଶୂନ୍ୟରେ ମିଶିଥିବା,
ଚକ୍‌ଖଡ଼ି ଗୁଣ୍ଡସବୁ ନୀରବରେ ଅତି ନୀରବରେ
ମୁରୁକି ହସରେ ଖାଲି ଦେଖୁଥାନ୍ତି
ନିର୍ବିକାରେ, ଅମନରେ, ଅଦୃଶ୍ୟରେ
ଦର୍ଶକ ଭାବରେ ।

ଯାଜ୍ଞବଲ୍କ୍ୟ ସର୍ବେକ୍ଷଣ

ଆଜିକା ଖବର କାଗଜର ସବୁପୃଷ୍ଠା
ଭର୍ତ୍ତି ଖାଲି ଉଭାନ୍ ହୋଇଯିବା
ଖବର ଗୁଡ଼ାକରେ। କିଏ କାହାକୁ
ନେଇ ପଳେଇଲାଣି ତ ଆଉ
କିଏ ଆପେ ରୁଷିକି ପଳେଇଛି।
କିଏ ଘରବାଲାଙ୍କ ଉପରେ
ରାଗିଛି ତ ଆଉ କିଏ ରାଗିଛି
ପୃଥିବୀ ଉପରେ। ତା'ର ଏକା
ଅଭିଯୋଗ ପୃଥିବୀ କାହିଁକି
ଏତେ ପ୍ରଦୂଷିତ, ଏମିତିକା ପୃଥିବୀଟା
ଘୂରୁଛି କାହିଁକି ? ତା' ମୁଣ୍ଡ
କାଳେ ଘୁରୁଉଛି, ପୃଥିବୀଟା
ଇମିତି ଘିରିଘିରି ଘୂରିଲା ବେଳକୁ।

ଆଉ କୋଉ ଷ୍ଟେସନ୍‌ରେ F.I.R.
ଅଛି- ଅଭିଯୋଗ ଅଛି ଏ ପୃଥିବୀର
ମନ, ଧ୍ୱନି, ଦୃଶ୍ୟ, ତେଜ, ଚଂଚକତା,
ମୁଖୁଡ଼ା, ବାହ୍ୟ-ଅନ୍ତର କଥା
ଦୀର୍ଘତାହ୍ରସ୍ୱତା, ରଂଗ, ସ୍ନେହ, ମମତା,
ଏପରିକି, ଆକାଶ, ବାୟୁ, ଜଳ,
ସାଙ୍ଗସାଥୀ, ଗଛଲତା, ପାହାଡ଼ ପର୍ବତ
ପ୍ରଭୃତି ସମସ୍ତଙ୍କ ବିରୁଦ୍ଧରେ
ଓ ଖୋଦ୍ ନିଜ ବିରୁଦ୍ଧରେ
ଯେହେତୁ ସେ ମଧ୍ୟ ଏଇ ଜଗତ୍‌ର।
ସମସ୍ତେ ପଳାଉଛନ୍ତି। କଥାଟା
ସତ ବାହାରିଛି ଆଉ ସାହି
କୁତୁରି ମୁତୁରି ଅପାର ସ୍ୱାମୀ
ଜଗୁଆ ନନାର।

ଜଗୁଆ ନନା ମ ! କ'ଣ
ଜାଣିପାରୁନ ? ଯାଜ୍ଞବଲ୍‌କ୍ୟ
ନନା; ପୂରା ନାଁ ଯାଜ୍ଞବଲ୍‌କ୍ୟ ଶାସ୍ତ୍ରୀ ।
ଦର୍ଶନରେ ଏମ୍.ଏ., ପି. ଏଚ୍. ଡ଼ି,
ପରା । ସର୍ବେକ୍ଷଣ କରି ସେ
କହୁଥିଲା ସମସ୍ତେ
ନିଖୋଜ ହେବା, ପଳେଇବା
କଥାଟା ଏକଦମ୍ ସତ ।
ଶହେରୁ ଶହେ ଖାଣ୍ଟି ସତ ।

କିନ୍ତୁ ମୁଁ ତ ତା' ଥିସିସ୍‌ଟା
ପଢୁଥିଲି ଯେ ଜାଣିଲି
ଲେଖାଯାଇଛି ସେଥିରେ
ସବୁ ପଳେଇବେ ଦିନେ
ରାଗିକି, ରୁଷିକି, ତମତମ
ହୋଇ କ୍ରୋଧରେ-
କେଉଁ ଅଜଣା ଅଶୁଣା,
ଅଦେଖା ଦେଶକୁ ।
ହଠାତ୍ କାଲି ଶୁଣିଲା ବେଳକୁ ଗାଏବ୍
ନିଜେ ଜଗୁ ନନା;
ମିଷ୍ଟର ଯାଜ୍ଞବଲ୍‌କ୍ୟ ଶାସ୍ତ୍ରୀ, ଏମ୍.ଏ., ପି.ଏଚ୍.ଡ଼ି.
ତୁମେ ତାଙ୍କୁ ଡାକିପାର ୱାନ୍‌ଟେଡ୍ ଡକ୍ଟର ଜେ.ବି.ଶାସ୍ତ୍ରୀ ।

ଥିସିସ୍‌ରେ ଲେଖାଥିଲା- "ସର୍ବେକ୍ଷଣ କହେ-
ଲାଜଲ-ଜ୍ୟା, ଦୁଃଖକଷ୍ଟ, ଅପମାନ, ଯନ୍ତ୍ରଣା ବା
ଭଣ୍ଡାମିରେ ଅଥବା କ୍ରୋଧରେ
ହଜେ ରାମ ହଜେ ହରି, ମୀନା ବୋଉ,
ମାମିନ ମାଉସୀ, ହଜିଛନ୍ତି ହରୀଦାସ,
ହଜିଯା'ନ୍ତି ମଧୁଶାସ୍ତ୍ରୀ, ଟୁଆଁ ଟୁଇଁ
ଟୁଇଁକିଲ୍ ଗୁଇଁ,
ହଜିଯା'ନ୍ତି ବାପା-ମାଆ, ଜେଜେ ଜେଜୀ,
ଅବା ମାମୁ ମାଇଁ-
ଦିନେ ନୁହେଁ, ଅଧେ ନୁହେଁ,
ଏଇମାନେ ହଜିଯା'ନ୍ତି ଚିରଦିନ ପାଇଁ।"

କିନ୍ତୁ କାଲିର ଖବର ଶୁଣି
ହେଲି ମୁଁ ଅବାକ୍
ଲାଜ ନାହିଁ, ଲଜ୍ଜ୍ୟା ନାହିଁ ଅପମାନ ନାହିଁ
କ୍ରୋଧ ନାହିଁ ଭଣ୍ଡାମିର ଲେଶ ମାତ୍ର ନାହିଁ
ଥିସିସ୍‌ରେ ଲେଖାଥିବା କାରଣରୁ ଗୋଟେ ମାତ୍ର ନାହିଁ
ତଥାପି ନିଖୋଜ ଆମ ଜଗୁ ନନା
କାରଣଟା ଖୋଜିମିଳେ ନାହିଁ।

ଜଗୁଭାଇ ନାଁ ଟାକୁ ମନେହେଲା ମୋ'ର
ଏ ନାଁ ତାହାର ନୁହେଁ
ଏ ନାଁଟା ସତେ ବା କାହାର
ନାଁରୁ ଖୋଜିଲି କେତେ
ଖୋଜିଖୋଜି ହେଲି ମୁଁ ବେଦମ୍।
ଶେଷରେ ଦର୍ଶନଶାସ୍ତ୍ର ଥିସିସ୍‌ରେ
ଥିଲା ଗୋଟେ ନାଁ
ଖୋଜୁଥିଲି ଚାରିଆଡ଼େ ସାରା ପୃଥିବୀରେ।

ଜଗୁନନା ଚାଲିଗଲା,
ଅବା ଗଲେ, ଯାଇଥିଲେ, ଯେତେଯେତେ ଚାଲି
ସବୁଠି କାରଣ ଥିଲା, ଲୋଭ, ମୋହ,
ପ୍ରେମ ଓ ପ୍ରଣୟ,
ଏଲିଜିଟେ ଲେଖିଦେଇ ଏଠିକା ଚିଠିରେ
ନାଚିବାକୁ ଯାଇଥିଲେ
ବାଲାଡ୍‌ରେ ଆଠପୋଇ ଅଥବା ଏକ
ଦିଆଲି ବା ପୁଷ୍ ପରବରେ
ନୀରବ, ନିରନ୍ଧ୍ରି ଏକ ମୌଳିକ ସ୍ଥାନରେ ।

■

ଅନ୍ୱେଷୀ ଶାମୁକା

ଜଣେ ଜଣକୁ ଖୋଜୁଥାଇ ।
ଠୁଳ ଶୂନ୍ୟର ଭାବନେଇ ॥
ଜୀବ ଲୋଡୁଛି ବ୍ରହ୍ମସଂଗ ।
ଜୀବ ବ୍ରହ୍ମର ଯୁଗଳାଙ୍ଗ ॥

(ଛୟାଳିଶପଟଳ)

॥ ୧ ॥

ଶାମୁକା ଯାଉଛି ଭାସି ପୁଣି ଯାଏ
ଚୁପ୍‌କରି, ଥପ୍‌କରି ବୁଡ଼ି
ଶାମୁକା ଖୋଜୁଛି ଖାଲି ଅହରହ
ସାରା ସମୁଦ୍ରରେ
ସମୁଦ୍ର ପାହାଡ଼ ଖୋଲେ, ଘାସବଣେ,
ଲାଇକେନ୍, ପ୍ରବାଳ ଗହଳେ
ତିମିର ପିଠିରେ ଚଢ଼ି
ସମୁଦ୍ରର ବଗିଚାରେ ବୁଲିବୁଲି
ଫୁଲେ ଫୁଲେ, ପତ୍ରେ ପତ୍ରେ
ପ୍ରତିଡାଳେ, ପ୍ରତି କଢ଼େ କଢ଼େ
ଶାମୁକା ଖୋଜୁଛି ସତେ
ଆଜନ୍ମ ସେଟାକୁ-
ଶାମୁକା ଖୋଜୁଛି ତା'ର ପ୍ରିୟତମ, ତା'ସାଥିରେ
ତା'ଭିତରେ ବିଲୀନ ହେବାକୁ ।

॥ ୨ ॥

ଶାମୁକା ଆଜନ୍ମ ଖୋଜେ
ସମଗ୍ର ସମୁଦ୍ର ।
କେତେବେଳେ ଢେଉର ନାଆରେ
ଆସେ ଭାସି ଭାସି
ଅବା କେବେ ପହଁରି ପହଁରି
ଶାମୁକା କୂଳକୁ ଆସେ ପୁଣିକେବେ
ଫେରିଯାଏ ସମୁଦ୍ରକୁ
ଖୋଜାଖୋଜି କାମ ତା'ର ସାରି ।

॥ ୩ ॥

ଶାମୁକା ଖୋଜୁଛି ସାରା ସମୁଦ୍ରରେ
ଆଖିତାର ଲୁଣିପାଣି, ଲୁଣିହାୱା ଖାଇ
ଗଲାଣି ମୂଳରୁ ନିଭି
କଳାପଟା ଛାତିପରୁ ଶିକ୍ଷକଙ୍କ
ଗତକାଲି ତର୍କଶାସ୍ତ୍ର, ମାୟାବାଦ,
ଅଙ୍କବୁଝା ପରି
କାଲିର ଡ୍ରଇଂ ସାର୍ ଆଙ୍କିଥିବା
ସୁନ୍ଦୁରିଆ ମିଛ ଆଖି ପରି ।

॥ ୪ ॥

ଶାମୁକା ଶେଷରେ ଖାଏ ଶହେ ଧକ୍‌କା
ଶତେକ ଆଘାତ ।
ଶତ ପ୍ରତିଘାତ ପରେ ଶାମୁକାଟା
ଫେରିଚାହେଁ ସମାଧି ଚିତ୍ତରେ
ଏକ ମନେ ଏକ ଧ୍ୟାନେ
ନିଜ ଅନ୍ତରକୁ
ଶାମୁକା ଉଦର ଥାଏ ପୂରିଉଠି
ମୋତିପରି ପରମ ତତ୍ତ୍ୱରେ ।

■

ଦାସୀଟିର ଉକ୍ତି

ଓ କରିବି ଆଲୋ ଦାସୀ ଡାକିଲେ କିଶୋରୀ ।
ଓଷଧୀଶ ଶାସନ ମାଗୁଅଛି ପଦ ଧରି ଲୋ ॥

(ବି. ଚି.)

ରାଣୀ ଉଆସ ଆଜି ଫିକାଫିକା
ଲାଗିଲାଣି, ରାଧାରାଣୀ ଉଠିଲେଣି
ନିଦରୁ ସକାଳୁ । ଏବେ ଇଚ୍ଛା ହେଉଛି
ବୁଲିଯିବାକୁ କୁଂଜବନ ଆଡ଼େ ।
କାରଣ ଏଇତ ଚେତନା ଫେରିବାପରେ
କୁଂଜବନ, ଯମୁନାର ତଟ ଆଉ
କଦମ୍ବ ଗଛର ମୂଳ ଭାରି ମନେପଡ଼େ ।

ଆଜି ମନେପଡ଼େ ଭାରି
ମୋ' ରାଣୀର, ମୋ' ରାଧା ରାଣୀର
ଜନ୍ମ ଜନ୍ମାନ୍ତର ତଳେ,
ବହୁଦିନ ତଳେ
ଛାଡ଼ିଚାଲି ଆସିଥିବା
କୁଂଜବନ, ବଂଶୀସ୍ୱନ, ଯମୁନାର ଡାକ
ଏଣୁ ସେ ଅଧୀର ଆଜି
ବଧିର ସେ ଆଉ ସବୁ ପାଇଁ।
ଲାଜ ନାହିଁ ଲଜ୍ୟା ନାହିଁ, ଲୋଭ
ମୋର ଆଉ କିଛି ନାହିଁ
ଏବେ ରାଧାରାଣୀ ଚାହେଁ
ଛାଡ଼ିସବୁ ରାଜକୋଠୀ, ରାଜବାଟୀ
ତୁମଠାକୁ ଯିବାପାଇଁ ଧାଇଁ।

ମୋ'ର ଏଇ ପଞ୍ଚଭୂତ, ପଞ୍ଚକୋଷ
ରାଜବାଟୀ, ହେୟ ହେଲା
ଅପାଙ୍‌କ୍ତେୟ ହେଲା
ସାବୁନ୍, ଅତର ଆଉ ସଜବାଜ
ଯେତେକ ସାମଗ୍ରୀ, ସବୁକିଛି
କିଛି ବୋଲି କିଛି ଦିଶେ ନାହିଁ
ରାଧାରାଣୀ ବ୍ୟସ୍ତ ଆଜି, ବିବ୍ରତ ଆଜି
ଓ କରିବ- ତୁମେ ବୋଲି
ଅନିଦ୍ରାରେ ଚାହିଁ ସେ ବସିଛି ।

ଏତେଦିନେ ମନକଥା ପୂର୍ଣ୍ଣହେଲା,
ଯାତନାର ଶେଷହେଲା ଗୋଟିଏ ଯୁଗର
ଯଦିବା ନବର ଗଲା, ପ୍ରସାଧନ ଗଲା ନଷ୍ଟହୋଇ
ତଥାପି ମୁଁ ଖୁସି ଆଜି, ଆନନ୍ଦିତ ଆଜି
ମୋ' ଭିତର ରାଧାରାଣୀ
ଯେଣୁ ତାର ଶ୍ୟାମକୁ ଚାହିଁଲା
ଯେଣୁ ମୋ' ଭିତର ଦେଶ ଶୂନ୍ୟ ହୋଇ
ମହାଶୂନ୍ୟ ପୂର୍ଣ୍ଣ ହୋଇଗଲା ।

■

ଶ୍ରୀରାଧା ପାଇଁ ଗୋଟିଏ ଗୀତିକା

କୁଣ୍ଡଳିନୀ ଯେବେ ଉଠିବ ଜାଗି ।
ସୁଷୁମ୍ନା ମୁଖେ ରହିବ ଲାଗି ॥
ସେ ହେବ ଯୁଗଳ ଅଂଗ ମିଳନ ।
ସେହି ପୁଣି ଜୀବ ବ୍ରହ୍ମର ଜ୍ଞାନ ॥

(ଛୟାଳିଶି ପଟଳ)

ତୁମ ମୁରଲୀର ସ୍ୱର ମୋତେ ଟାଣେ,
ସତରେ ଅଧୀର କରେ ଏଇ ରାଧା ମନ,
ଏଇ ରାଧା ଅଧା ସତେ
ତୁମ ବିନା, ସଶରୀରେ, ସମର୍ପଣେ
ବିଲୀନ ବିହୁନେ ।

କୁଂଜବନ ସତରେ ତ କୁଂଜବନ ପରି
ତୁମରି ଭିଆଣ ପରି, ମାୟା ପରି,
ତୁମ ମନ ପରି ।

କଦମ୍ବ ଗଛର ମୂଳ ଆକର୍ଷଣ
ମଦିରାରେ ସ୍ନାନପରେ
କାଦମ୍ବରୀ ପାନ କଲାପରି
ତୁମରି ଡାକରା ପାଇ ଧାଇଁଯିବା
ଅତର୍ଛାରେ, ପାଗଳିନୀ ପରି ।

ଯମୁନା ଘାଟରେ କାଇଁ
ଡାକୁଥିଲ, ବଂଇଶୀର ଶୂନ୍ୟତାନେ
କେଉଁ ଏକ ଅତୀବ ପ୍ରାଚୀନ
ଆଉ ଆଦିମ ରାଗରେ
ସତେକି ଶୃଙ୍ଗାର ପାଇଁ
ସମର୍ପଣ, ସମେକନ ଲାଗି !
ଅଥବା ମିଳନ ଲାଗି
ଦ୍ୱାସୁପର୍ଣ୍ଣା ଏକ ହେବା ଲାଗି ।

ତୁମେ କାଇଁ କଳା ଏତେ
ଆଜି ପଡ଼େ ଜଣା
କାଳେ ତୁମେ ଧରାପଡ଼ିବକି !
ଏ ଗୌର ପକ୍ଷୀଟି କେବେ
ଖୋଜିବାରେ, ଜାଣିବାକୁ
ଇଚ୍ଛା କଲାପରେ ।

ତୁମେ ପ୍ରିୟ
ଧୁମ୍ରବର୍ଣ୍ଣ ବିନ୍ଦୁରୁ ବଦଳି
ନୀଳ ଓ ଲୋହିତ ବର୍ଣ୍ଣ
ଆପେ ଆପେ ଧରି
ସୃଜିଛି ଧବଳ ପକ୍ଷୀ,
ଜ୍ୟୋତିର୍ମୟ, ଶୁକ୍ଳବର୍ଣ୍ଣ ସମଗ୍ର ବ୍ରହ୍ମାଣ୍ଡ
ଏଣୁ ଏ ପାଗଳୀ ଧାଏଁ
ଶ୍ୟାମଳ ପକ୍ଷୀକୁ ଚାହିଁ
ତେଜି ତେଜି ଲଜ୍ୟା ଅପମାନ ।

ତୁମେ ଗୋ କାହିଁକି କଳା,
କଳା କାହିଁ ତୁମ ବଂଶୀ,
କଳା କାହିଁ ଯମୁନାର ଜଳ
କଳା ଓ ଶୀତଳ କାହିଁ
କଦମ୍ୱ ଗଛର ତଳ କେଳି କୁଂଜବନ
ବରଫର ସ୍ପର୍ଶ ତୁମ,
ସ୍ୱର ତୁମ ଅତୀବ ଶୀତଳ
କାହିଁକି ଗୋ କଳା ତୁମେ
କାହିଁ ଚନ୍ଦ୍ର କଳାର ଏ ଖେଳ
ବହୁଦିନ ପରେ ଥରେ
ଆଜି ପ୍ରିୟ ଜାଣିପାରେ, ପାଏ ତୁମ ଦେଖା,
ଏ ଡାଳରେ ନାହିଁ ଇଚ୍ଛା ବସିବାକୁ
ଖାଇବାକୁ ଆଜି ଏକା ଏକା।

ଅନ୍ତରଂଗ ବନ୍ଧୁ ପାଇଁ ଗୀତଟିଏ

ପାପକୁ କେଉଁଠି ରଖିଛ ତୁମେ ?
ଛାତିର ସିନ୍ଧୁକରେ ନା ସିନ୍ଧୁକ
ଭିତର ସୁନା ଫରୁଆରେ ? କେଉଁଠି ?

ପୁଣ୍ୟକୁ କେଉଁଠି ରଖିଛ ?
ଗତ ସପ୍ତାହ ଉପରଓଳି
ବସିଥିବା ହାଟର ପଚାକୁଟା ନଡ଼ା
ଛପର ଛିଦ୍ରରେ ? ନାଁ ଗୁରେଇ
ଦୋକାନ ପଛ ପଚା ଗଡ଼ିଆ ଆଡ଼ିରେ ।

ଶୁଖୁଆ, ପାଣିକଖାରୁ, ପୋଇନାଡ଼ି
ବୋଇତାଳୁ ଓଜନ କଲାବେଳେ
ତା' ନିକତି ପଲାରେ ? ନାଁ ଆଉ
ଦି'ଟା ପାନ ଦେ'" କହିଲାବେଳେ
ଶେଠ ଦୋକାନୀର ଅର୍ଦ୍ଧଳି,
ବୋକ୍‌ଚା ବୁହା କୁଜା କିଣା ସାହୁର
ତ୍ରସ୍ତ ଆଖି କୋଟରରେ ?

ପକେଟରେ, ଝୁଲା, ବଟୁଆରେ କେତେ
ଆଉ ପୁଣ୍ୟ ଧରି ଆସିଛକି ?
ମାସ ଶେଷକୁ ପକେଟରୁ ଆଠଣି ଟଙ୍କେ
ବାହାରୁନି ଯଦି ଏ ଦରବଟା
ସରିବାକୁ କେତେ ଦିନ କି
ପୁଣି ବୁଣାଛଟା ପରେ ବାଟରେ ହାଟରେ ?

ସଂଜବେଳେ ପୁନି ଖୁଡ଼ି ତା'
ନାତି ନାତୁଣିକୁ ଶିଖଉଥିଲା ପରା-
"ବାଲ୍ୟକାଲୁ ଧର୍ମ ଧନ ମୁଁ ସଞ୍ଚିବି..."
ତାହାଲେ ? ଖାଲି ଗୁଟି ଭାଙ୍ଗି
ଆଠଣି, ଟଙ୍କେ ଖର୍ଚ୍ଚ କରନ୍ତୁ ନା କ'ଣ ?
ଏ ଧନ ବି ଖର୍ଚ୍ଚ ହୁଏ, ସରେ...
ଆଉ...
ଫେରିବାକୁ ପଡ଼େ ହିସାବ ନିକାସ କରିବାକୁ
ବଜାରର ମୁଖ୍ୟ କାଉଣ୍ଟରରେ ବସିଥିବା
ଚିଲଆଖିଆ ମାରୁଆଡ଼ିଆ ଶେଠ ପାଖକୁ ।

ହେଲେ ପୁନି ଖୁଡ଼ି
କ'ଣ ଚେତଉଥିଲା ତା ବୋହୂକୁ ସେଦିନ ?
ପାଞ୍ଚପୁରୁଷର ମୁଣ୍ଡ ସେ ଦେଖିଛି...
ଦେବତା-ଦଇବ ଦ୍ୱାହି ଦେଇ
ଛାତିରେ ହାତ ବାଡ଼େଇ ନିଜର କର୍ମ ଉପରେ
ନିଜେ ସେ ସବୁ କରିଛି...
ପୁଅ, ନାତି, ନାତୁଣି, ଘର-ବାଡ଼ି...
କ'ଣ କହୁଥିଲା ସେ
ଗୁରା ମା' କାନରେ...
କ'ଣ ସେ କହୁଥିଲା ଚହଳ ଛାଡ଼ି
ଗଣ୍ଡଆଡ଼ି ଛକରେ, କୁଦମପଦା ପାଖରେ ?
ଅନେକ ପୂଣ୍ୟ ସେ କରିଛି
ଠାକୁର ପୂଜା ସେ ନିଇତି କରୁଛି... ।

ଏଇ ପୂଜାପାଠ, ନାଲିସ୍, ପାଲିସ୍,
ତେଲାତେଲି କାମ
ଶେଷରେ ଚିଲଆଖିଆ ଶେଠ ପାଖରେ
କଲେ ଚଳନ୍ତା ନି ?
ବିଚରା ସେ ଶୁଖୁଆ, ପୋଇନାଡ଼ି ଦୋକାନୀ
ବା ଗୁରା ମା' କ'ଣ କରିବ କହିଲ ?

ହେଲେ ସେ ପୁନି ଖୁଡ଼ି, ଗୁରା ମା' କି
ଅନ୍ୟ କେହି ବା ନିଜେ ତୁମେ
ନିଜର ପାପ ବଖାଣିଛ କାହାରି ଆଗରେ
ନିର୍ଦ୍ୱନ୍ଦ୍ୱରେ, ନିରପରାଧ ଚିତ୍ତରେ, ନିର୍ଭୟରେ
ଥରେ, ଅଧେ, ଜୀବନରେ
ହାଟରେ, ବାଟରେ ଅବା ଫୁସ୍‌ଫୁସ୍ କାହାରି କାନରେ ?

ତେବେ କ'ଣ ପାପ ପ୍ରିୟ, ପାପ ହିଁ ନିଜର ?
ତୁମେ ତାକୁ ସାଇତି କି, ଯତ୍ନରେ ରଖ
ଯେମିତିକି ପଡ଼ିବନି ତା' ଉପରେ
ଧୂଳିମଳି ଅଥବା କେ ଚିଲର ନିଜର
କାଲେ ସିଏ ମିଶିଯିବ ଧୂଳିରେ ବା ଏ ମାଟିରେ
କାକର ଓ ବର୍ଷାଖାଇ ଖରା ଖାଇ- ପାଣି ଖାଇ
କାଲେ ସିଏ ହୋଇଯିବ ପର !

ତାକୁ ବିକି ଭାଙ୍ଗି ଖାଉଥିବା,
ଝଣ୍‌ଝଣ୍ ନୂପୁର ପରିକା ତା'ର ଶବ୍‌ଦରେ
ଅନ୍ଧାରରେ, ମରୁଭୂମିରେ ବା ଡାହା ଖରାରେ
ମାଡ଼ି, ଠେଲି ଯାଉଥିବା
ପୁନିଖୁଡ଼ି, ଗୁରା ମା', କୁନା ସାହୁ ଅଥବା
ଯେକେହି ଲୋକର
ଅନ୍ତରଂଗ କିଏ ? ଆଉ କିଏ ନିବିଡ଼ ?
ପାପ ନା ପୂଣ୍ୟ ନା ଆଉ କିଏ ?
ପାପ ଧରା ପଡ଼ିବନି ନା ପର ହେବନି
ନା ସରିଯିବନି ପୂଣ୍ୟ ?
କାହାପାଇଁ ଏ ନାଟକ ? ଏତେ ଅଭିନୟ ?
ଅନ୍ୟାୟର, ଟାଉଟରି ବା ବର୍ବରତାର ?

■

ଜଣେ ନା ଦି'ଜଣ

ଶୁଣ ତ ସୁଜନେ !
ଶୁଣ ଆହେ ମହାଭାଗ, ବିଦଗ୍ଧ ସୁଜନେ !
ପଚାରିବା ଥିଲା ମୋ'ର ତୁମକୁ ଦ୍ୱିପଦ
ଏଇ ଆମ ବିଷୟରେ
ଆମରି ଏ ମନଗଢ଼ା କାହାଣୀ ବାଦଦେ,
କହିଲ ସତରେ ଭାବି ନିର୍ମଳ କରି
ମନରେ ନରଖି ଛନ୍ଦକପଟ ବା
ବଡ଼ପଣ-ସାନପଣ କିଛି !

ପାଦ କାହିଁ ଥକିବାର, ରୋକିବାର
ଥମିବାର ଚିରଦିନ ପାଇଁ ?
ପ୍ରଥମ, ଦ୍ୱିତୀୟ ଆଉ ତୃତୀୟ
ପରିକା, ସତେ କ'ଣ ସବୁପାଦ
ଚାରିଗୋଟି ଯାକ,
ଥକିଯାଏ, ରୋକିଯାଏ ଅଧା ରାସ୍ତାଟାରେ ?

ବିରାମ ରହିତ ଚାଲି ଆମର ଏ
କ୍ଳାନ୍ତି ସତ୍ତ୍ୱେ, ଅବସାଦ, ଅପବାଦ ସତ୍ତ୍ୱେ
ବିରାମ ଚିହ୍ନର ସବୁ ବ୍ୟାକରଣ
ଯଦିଆସେ ତେବେ କ'ଣ ଆସିଯାଏ
ପୂର୍ଣ୍ଣଚ୍ଛେଦ ଚିରଦିନ ପାଇଁ ?
କବିତାଟେ ଅବା ଭଲ ଗପଟିଏ
ସତେ କ'ଣ ବାକ୍ୟ ପରି ଶେଷ ହୋଇଯାଏ ?

ତେବେ ସତେ କ'ଣ
ଆମକଥା, ଆମ ବାକ୍ୟ, ଆମ ବାକ୍ୟ
ଆମ ଅନ୍ତେ ପୂରା ସରିଯାଏ ? ?
ଯାତ୍ରା ତ ସରେନି !
ପଥ ବି ସରେନି ।
ସତ ଆଉ କ'ଣ କେବେ
ସରିଯାଏ କି ? ଫେର୍
କିମିତି ସରିବ ପଥ ବା ଯାତ୍ରା
ବା କିମିତି ଥକିପଡ଼ିବ
ପାଦ ଯାତ୍ରା କରୁ କରୁ ?

ସୁଜନେ !
ପାଦଥରେ ଥମିଲା ବେଳକୁ
ଆରପାଖେ ଏଇ ଆମ
ମୁମୂର୍ଷୁ ଡାଳରୁ ଥିଇରି
କଅଁଳିଉଠେ, ମୁଂଜରି ଉଠେ
କୁନି ଏକ ପତ୍ରଟିଏ
ସମ୍ଭାବନା, ସବୁଜିମା
ଆଂଜୁଳାରେ ଧରି
କାଳକାଳ, ଶତେକେ ଯୁଗର ।

ସେ ପତ୍ର କଅଁଳେ କେବେ
ଏଠି ଆମ କବର ପାଖରେ
ଅଥବା ଷ୍ଟେପ୍ସର ଅବା
ସାଭାନ୍ନାର ତୃଣଭୂମି ପରେ
ସେ ପତ୍ର ଆଂଜୁଳା କରି
ଉଠୁଥାଏ ପୁଣି କେବେ ହିମାଳୟ,
ରକିଜ୍ ବା ଆଲ୍ପସର ଶିଖରେ ।
କିଏ ସତେ ମୁଂଜରି ଉଠେ !
କାହାପାଇଁ କିଏ ସତେ
ମୁଣ୍ଡଟେକେ ଅଥଳ ସମୁଦ୍ରତଳୁ
ବରଫର ସଂଘର୍ଷ ଭିତରୁ ?
କିଏ ସେ କେନ୍ଦରା ଧରି
ରାମ ନାମ, ଜଗନ୍ନାଥ ନାମ ଗାଏ
କିଏ ଉଠେ ପ୍ରଣବ ରବରେ ?

ନାରୀ ଓ ପୁରୁଷ କ'ଣ ସତରେ
ଦି'ଜଣ ? ଦୁଇଗୋଟି ସତ୍ତା
ଏଇ ପୃଥିବୀର ବିପରୀତ !
ପରସ୍ପର ! ବିପରୀତ ଲିଙ୍ଗର ମଣିଷ !

ରାଧାକୃଷ୍ଣ ଯଦି ଅଂଶ ଏକ
ଆରେକର, ପୃଥିବୀର ଦୁଇମେରୁ
ଯଦି ବା ଜରୁରୀ, ଚୁମ୍ବକର
ମେରୁଦ୍ୱୟ ଚିରକାଳ ଯଦି ଉପସ୍ଥିତ,
ଯଦିକେହି ପାରିବେନି ଏମାନଙ୍କ ଉପସ୍ଥିତି
ଟାଳିଦେଇ, ଦୂର କରିଦେଇ,
ଯଦି ସେଇ ବ୍ରହ୍ମ ଅଛି,
ସର୍ବଘଟେ, ପ୍ରତିଘଟେ ଘଟେ
କାହିଁକି ପାରୁନି ହୋଇ
ମୁଂଜରିତ, ଗଛଟିଏ,
ମଞ୍ଜିଟିଏ, ପତ୍ରଟିଏ
ସବୁଜର ସ୍ୱପ୍ନ ଆଞ୍ଜୁଳାଏ
ଏଇ ନାରୀ ପୁରୁଷର
ପରସ୍ପର ସାହାଚର୍ଯ୍ୟ ବିନା ? ?

ଏଇ ବ୍ରହ୍ମ ଆସିବାକୁ
ପୃଥିବୀକୁ, ହୁଏ ଦୁଇଭାଗ,
ଦୁଇଟି ସଂପୂର୍ଣ୍ଣ କିନ୍ତୁ
ପରସ୍ପର ଚିହ୍ନିବାକୁ
ଶୂନ୍ୟ ଆଉ ଶୂନ୍ୟ ମିଶି
ପୂର୍ଣ୍ଣତାରେ ପାଲଟିଯିବାକୁ।

ଶବ୍ଦ

କହିଥିଲି ନା ଶବ୍ଦ ବ୍ରହ୍ମ ବୋଲି ?
ଶବ୍ଦ କ'ଣ ଏଇ ଛିଣ୍ଡା ଜରି, କାଗଜ
ପରିକା, ଯାହା ପଡ଼ିଥିବ ରାସ୍ତାଘାଟ
ଦୋକାନ, ବଜାର କଡ଼େ
ଅପନ୍ତରା ନାଳ ନର୍ଦ୍ଦମାରେ !

ଏପରି ଶବ୍ଦ ଅନେକ
ଓହ୍ଲେଇ ପଡୁଥିବ ଓ ଚଢୁଥିବେ
ଟାଉନ୍‌ବସ୍, ଟ୍ରେନ୍ ଅବା ପ୍ଲେନ୍‌କୁ
ଲୋକମାନେ ଚଢ଼ାଓହ୍ଲା କଲାପରି
କଲମ ମୁନରୁ ଓ ସେଇବାଟେ
ରିଫିଲ୍ ଭିତରକୁ ।

ଏପରି ଅନେକ ଶବ୍ଦ ଦେଖିଛି
ଯାହା ସାଲୁବାଲୁ ହୁଅନ୍ତି ପୋକପରି
ନାଳ ନର୍ଦ୍ଦମାରେ ଅବା ଅପନ୍ତରାରେ ।
କିନ୍ତୁ ଶବ୍ଦ କ'ଣ ଖାଲି କବିତାରେ,
କଥାରେ ନା ସାହିତ୍ୟ ବହିରେ
ଡେରା ମେଲାଇ ବସିଥାଆନ୍ତି ?

କୋର୍ଟ, କଚେରିର ଦପ୍ତର ଖାନାରେ
କ'ଣ ଥାଏନି ଏ ଶବ୍ଦ ?
ନା ସେଗୁଡ଼ା ସବୁ ସାଲୁବାଲୁ
ହେଉଥିବା ପୋକଜୋକ ?

ଅନେକ ଅଣ୍ଡା ଫୁଟି ମାଛିର
ଶାବକ ପରି ଭଣଭଣ ହେଉଥିବା
ଶବ୍ଦ, ଜମାରୁ ଶବ୍ଦ ହିଁ ନୁହେଁ ।
ଟାଉନ୍ ବସ୍, ଟ୍ରେନ୍, ପାସେଞ୍ଜର
ଅବା ପ୍ଲେନ୍‌ରେ ଓହ୍ଲାଚଢ଼ା କରୁଥିବା
ଶବ୍ଦ ଶବ୍ଦ ନୁହେଁ ।

କାରଣ ଶବ୍ଦ ତ ଓହ୍ଲେଇ ଜାଣେ
କେବଳ କଲମ ମୁନରୁ।
ତା'ପରେ ଶବ୍ଦ କରେ ଘର ଏଠି
ଏଇ ପୃଥିବୀରେ। କାଗଜରେ,
ଶିଳାପିଠି ଅଥବା କେ ଧାତୁ ପାତ
ଚଟକା ପିଠିରେ।
ଶବ୍ଦ ଓହ୍ଲେଇ ଜାଣେ ଖାଲି
ଏଇ ଛାତିଟାର ନିଭୃତ କୋଠରୀ ଭିତରୁ
ଶବ୍ଦ ଯେବେ ଲେଖାହୁଏ
ଛାତିରେ ଓ ଭିତର ଛାତିରେ,
ଶବ୍ଦ ଯେବେ ଖୋଦାଯାଏ
ଚେତନାର ଓସାରିଆ ମେଦୁର ପ୍ରସ୍ତରେ
କାଗଜ, ଶିଳାର ଆୟୁ ସରିଯାଉ
ପବନର ଇତିକଥା ଲେଖା ଗଲାପରେ
ଶବ୍ଦ ହୁଏ ବ୍ରହ୍ମ ଆଉ
ବ୍ରହ୍ମ ହୁଏ ଶବ୍ଦର ସାରଥୀ
ଶବ୍ଦ ଖାଲି ଶବ୍ଦ ନୁହେଁ,
ଏଇ ଶବ୍ଦ ଇତିହାସ, ଭୂଗୋଳ ଓ ପରିମିତି
ଜୀବନକୁ ଧରିଥିବା ଆମର ଜ୍ୟାମିତି।

କବିତା

କିଏ ସେ ଦେଖିଛି ତାକୁ ?
କିଏ ସେ ଶୁଣିଛି ତାକୁ
କିଏ ସେ ଲେଖିଛି ?
ଏଇ ତମେ ଯଉଁ କବିଙ୍କ କଥା
କହୁଛ ? ସେ ? ? ଧେତ୍
ଏମାନେ କେହିବି ଦେଖିନାହାଁନ୍ତି
ଶୁଣିନାହାଁନ୍ତି କି ଲେଖିନାହାଁନ୍ତି
କବିତା । କବିତା କିଏ ନା
ଏମାନେ କିଏ !

କେହି ଜାଣିନି କବିତା କ'ଣ
ନା ଜାଣିଛି କେହି ଲେଖକ ନା
କେହି ସାହିତ୍ୟ ଏକାଡେମୀ, ବା କେଉଁ
ପରିଷଦ ବା ଫାଉଣ୍ଡେସନ୍
ପୁରସ୍କାର ପ୍ରାପ୍ତ ବିଦ୍ୱାନ-ବିଦୁଷୀ,
ନା ପଶ୍ଚିମ ଝରକା ଆଡ଼କୁ
ଅନେଇ ବସିଥିବା ବିଦଗ୍ଧ ପୁରୁଷ
ନା ଦକ୍ଷିଣ ଦିଗକୁ ଯାଉଥିବା
ମଣିଷ, ନା କେଉଁ ଛାତ୍ର, ନା ଶିକ୍ଷକ
ଅକ୍ସଫୋର୍ଡ଼, କ୍ୟାମ୍ବ୍ରିଜ୍,
ତକ୍ଷଶିଳା, ନାଳନ୍ଦା, କଲ୍‌ଗେଟ୍, ହାର୍ଭାଡ଼, ବ୍ରିଷ୍ଟନ୍,
ବ୍ରିସ୍‌ବେନ୍ ବା ଅନ୍ୟକେଉଁ ବିଶ୍ୱବିଦ୍ୟାଳୟର ।

ତଥାପି ତ କବିତା କବିତା ।
ନିଜ ରଙ୍ଗରେ ନିଜେ, ନିଜ ଶବ୍ଦରେ
ନିଜେ, ନିଜ ରୂପରେ ନିଜେ,
ନିଜ ରଂଗ, ରସ, ଗଂଧ ଓ
ନିଜର ନିଜତ୍ୱରେ ନିଜେ ନାଚେ
ଏଇ କବିତା । ସେ ନିଜର ଏଇ
ଅରୂପ ରୂପରେ ମୁଗ୍ଧ ଚକିତ
କରିଦିଏନି କି ଜଗତକୁ ?

ତା'ରାଜତ୍ୱ ଚିରକାଳ। ଆଉ ସବୁ
ଗପ, ଅଳୀକ, ଦୁଇଟି ଦିନର।
ଡାଫୋଡ଼ିଲ୍ ଶୁଖିଯାଏ କିନ୍ତୁ ତା'ର
ଆବେଦନ କେବେ ନମରିବା ପରି,
ନିର୍ଜ୍ଜନ କ୍ଷେତରେ ଏକାକିନୀ
ଯୁବତୀଟି ପୁରୁଣା ଯନ୍ତ୍ରଣାର
ଅଜଣା ସ୍ୱରରେ ଗୀତ ଗାଇ ବୁଲୁଥିବା
ସ୍ପନ୍ଦନ ପରି, ଏ କବିତା
ପଙ୍‌କ୍ତି ସବୁ ଲିଭିଗଲେ
କଳାପଟା, କାଗଜ ବା ସିଲଟ୍ ଉପରୁ
ହଜେ ନାହିଁ ଆବେଦନ ୟାର।

କାରଣ କବିତା ଲେଖାଯାଏନି କେବେ
କଲମରେ, କାଗଜରେ
ଚକ୍‌ଖଡ଼ି, କଳାପଟା ଅବା କେଉଁ
ସିଲଟ୍ ଖଡ଼ିରେ
କବିତା ତ ଲେଖା ଥାଏ
ନିଜେ ନିଜେ, ଅନେକ ଆଗରୁ
ଶୂନ୍ୟରେ, ମହାଶୂନ୍ୟତାରେ
କବିତା ଯେହେତୁ ପୂର୍ଣ୍ଣ ନିଜେ ନିଜେ
ନିଜର ଭିତରେ।

■

ଇତ୍ୟାଦି ଓ କବିଟିଏ ପାଇଁ

ଜଣେ ବିଶ୍ୱସ୍ତ ସାମ୍ବାଦିକ
ଅଥବା ଗଣମାଧ୍ୟମର ପ୍ରତିନିଧି
ହେବାପାଇଁ ମୁଁ ଇଚ୍ଛା କରୁନି ।

ଜଣେ ମଣିଷ ପରି ଦ୍ୱିନେତ୍ର ଦୃଷ୍ଟିକୁ
ଧାରଣ କରି ଦ୍ୱିଧା-ଦ୍ୱନ୍ଦ୍ୱଠାରୁ ଦୂରରେ
ରହିବାକୁ ମୁଁ ଚାହେଁନି ।

ମୁଁ ଚାହେଁନି ଧୂ-ଧୂ ଖରା ଅବା
ଶୀତତାପ ନିୟନ୍ତ୍ରିତ କୋଠରୀର
ଡୋଫା ଆଲୁଅରେ ଦେଖିନେବାକୁ
ଗୋଟିଗୋଟି ଅକ୍ଷର ବା ମନ୍ତ୍ରସ୍ତୋତ୍ର
ସବୁ ପୁରୁଣା ଦିନର ।

ମୁଁ ଚାହେଁନି ହଜିବାକୁ ଅଂଧହୋଇ
ଅଂଧାରର ନିରନ୍ଧ୍ର ଓ ନିସର୍ତ୍ତ ରାଜ୍ୟରେ

ମୁଁ ଆଲୋକ ଚାହେଁ,
ଅନ୍‌ଧାର ବି ମୋର ଦର୍କାର,
ଦ୍ୱନ୍ଦ୍ୱକରି ଦ୍ୱିଧାର ଢେଉକୁ ପାରି
ଡେଇଁ ଡେଇଁ, ପହଁରି, ଗୁରୁଣ୍ଡି
ଦ୍ୱନ୍ଦ୍ୱହୀନ, ଦ୍ୱିଧାହୀନ ହେବାକୁ ମୁଁ ଚାହେଁ ।

ମୁଁ ବିଭକ୍ତ ହୋଇଯିବାକୁ ଚାହେଁ
ଦ୍ଵନ୍ଦ୍ଵକରି ଦୁଇଟି ଭାଗରେ,
ଫାଙ୍କାଟାରେ ମୁଁ ଓଟାରି ହେବାକୁ ଚାହେଁ
ଆଉ ଏକ ଶୂନ୍ୟତା ଆଡ଼କୁ।

ମୁଁ ଖୋଜିବାକୁ ଚାହେଁ
ଆଖିରେ ଆଖି ମିଶେଇ ଦେଖିବାକୁ ଚାହେଁ
ଆରେକ ପକ୍ଷୀକି
କାରଣ ମୁଁ ଜାଣେ
ମୁଁ ସୁରକ୍ଷିତ; ମୁଁ ଅଛି
ଏବେ ଆରେକ ଦର୍କାର।

ମୁଁ ମୈତ୍ରେୟୀ ହେବାକୁ ଚାହେଁ
ମୁଁ ବି ଚାହେଁ କାତ୍ୟାୟନୀର
ପ୍ରଶ୍ନ କଣିକାର ସାମିଲ୍ ହେବାକୁ।

ଦର୍କାର ପଡ଼ିଲେ ମୁଁ ଓଡ଼ିନ୍ ହେବି,
ମୋ' ନିଜକୁ ଓ ବାହାରକୁ
ଦେଖିବାକୁ ସଜବାଜ ହେବି;
ମେଧାବିରୁଦ୍ର, କୁମାର ଦାସ,
ସୁରଦାସ, ଭୀମଭୋଇ ହେବାପରେ
ମୁଁ ଚାହେଁ ହେବାକୁ ପୁଣି
ଓଡ଼ିନ୍ର ବାମନେତ୍ର
ଜଗତଦର୍ଶକ
ମୁଁ ଚାହେଁ ହେବାକୁ ପୁଣି
ଦକ୍ଷିଣ ଚକ୍ଷୁର ଦାସ
ଦେଖିବାକୁ ନିଜ ଭିତରକୁ।

ଏଣୁ ପ୍ରଭୁ ଦିଅ ମୋତେ
ଛିଡ଼ାକରି ଏପରି ଛକରେ
ସକାଳ ଆଗରୁ ଅବା ରାତ୍ରି ପରେ ପରେ
ଅଥବା ସନ୍ଧ୍ୟାର ଏକ ଜନହୀନ
ନିରୋଳା ଓ ନିଃଶବ୍ଦ ଦ୍ୱୀପରେ ।

ସେ ଦ୍ୱୀପରେ, ସେ ସ୍ତୁପରେ
ଅଥବା ସେ ବିଜନ ବେଳାରେ
ବାମରେ ଦିନକୁ ଆଉ
ଦକ୍ଷିଣରେ କଳାରାତିଟାରେ
ଦେଖି ଖୋଜି ହେବାଲାଗି
ଚାହେଁ ଚାହେଁ ନିତ୍ୟ ନିରନ୍ତର
ଓଡ଼ିନ୍ ବା ସେ ପକ୍ଷୀର ଶାବକ ରୂପରେ ।

■

ପିତାମହ

ଭାଗ୍ୟ ମୋର କେଡ଼େ ଯେ ନିଷ୍ଠୁର,
କେଡ଼େ ଯେ ଦାରୁଣ ଭାଗ୍ୟ
ମୃତ୍ୟୁବିନା-ଜୀବନ ବ୍ୟତୀତ
ଜୀବନର ଯାତ୍ରାଶେଷେ, ସଂଗୀତ ଶେଷେ
ନାହିଁ ବି ବିମୁକ୍ତି ଅବା ନାହିଁ ମୃତ୍ୟୁ ମୋର ॥

ସୂର୍ଯ୍ୟ ନାହିଁ, ମୃତ୍ୟୁ ନାହିଁ- ନାହିଁ ବି ଅନ୍ଧାର
ପଥର, ପାହାଡ଼ ଅବା ପ୍ରଚେଷ୍ଟା ବି ନାହିଁ
ଦୁର୍ବହ ଆତ୍ମା ବି ନାହିଁ
ସତେ ମୋର କେଡ଼େ ଯେ ଦୁର୍ଭାଗ୍ୟ ! !

ମୋ ବଂଶୀର ସ୍ୱର ନାହିଁ
ପବନ ବି ନାହିଁ ମୋ' ଆକାଶେ
ପୃଥିବୀ, ଆକାଶ ପରି ବଂଶୀ ମୋର କେଡ଼େ ଯେ ବେସୁରା ! !

ତମେ ବା କେମିତି ପ୍ରଭୁ,
ତମ ପରି ହାତେ ମୋର ନିଜ ମୃତ୍ୟୁ ନାହିଁ (?) ॥

ବିଚିତ୍ର ଜୀବନ ମୋର, ନିଷ୍ଠୁର ଓ ନିର୍ଦ୍ଦୟ ପ୍ରହେଳିକା ଏକ ।।

ତମର ବା କେମିତି ଭିଆଣ !
ନାହିଁ ଲୋଡ଼ା ମୃତ୍ୟୁ ଯହିଁ

ଲୋଡ଼ା ଏବି ନାହିଁ ମୋ ଜୀବନ ।।

ଜୀବନ ଯେଉଁଠି ଭାରି ଭାରି ଲାଗେ
ମୃତ୍ୟୁ ଅଟେ ମୁକ୍ତିର ଆଶା
ଜୀବନ ଯେଉଁଠି ଲାଗେ ବିଷମୟ,
ଦୁଃସମୟ ବିଚିତ୍ର ବିମର୍ଷ
ମୃତ୍ୟୁ ନୁହେଁ ସରଳ ମୀମାଂସା ।।

ତୁମେ ଆସ, ଶିଖଣ୍ଡିନୀ ହୋଇ ଆସ
ଅବା ପୂର୍ବ ନୃସିଂହ ରୂପରେ
ତୁମେ ଆସ, ଶୀଘ୍ର ଆସ
ମୋ ଛାତିରେ, ମୋ ଆଖି ସାମ୍ନାରେ
ତୁମେ ଆସ, ଆସି ବସ
ମୋ' ଆତ୍ମାର କ୍ଳେଶ ହୋଇ, ଗୁରୁଭାର ହୋଇ
ଆତ୍ମାକୁ ଦୁର୍ବହ କରି, ଦୁର୍ବିସହ କରି
ତୁମେ ଆସ
ମୋ ସମକକ୍ଷ ମୁକ୍ତି ମୋର, ମୃତ୍ୟୁ ମୋର ହୋଇ ।।

ଦିଅ ମୋତେ ଆଶୀର୍ବାଦ
ହେଉପଛେ ବିକଟ ମୃତ୍ୟୁର
ସଂହାର ବା ହେଉମୋର ଅଥବା ମୋ ପୁରୁଣା ଆତ୍ମାର
ମୋ କ୍ଲେଶ, ଯନ୍ତ୍ରଣା ଅବା ଦୁର୍ବିସହ-ଦୁର୍ବହ ଦୁର୍ଦ୍ଦିନ
ବିଷଣ୍ଣ ମୁହୂର୍ତ୍ତ ସବୁ, ଦୁଶ୍ଚିନ୍ତା ସବୁ-
ସମସ୍ତର ତୁମେ କର ଯଥାଶୀଘ୍ର
ସହଜ ସଂହାର-
ଏହା ହେବ ମୁକ୍ତି ମୋର
ମୋ ଆତ୍ମାର ଚରମ ଆକାଂକ୍ଷା
ଏହା ହେବ ଏ ଦୁର୍ବହ ଜୀବନର
ପରମ ପ୍ରତୀକ୍ଷା-
ଏଣୁ ଆସ, ତୁମେ ଆସ ଶୀଘ୍ର ପ୍ରିୟ ଆସ
ଘନଶ୍ୟାମ ହୋଇ ଅବା ଅଭିରାମ ହୋଇ
ଅବା ପର୍ଶୁଧରି ଆସ କୋଦଣ୍ଡ କାନ୍ଧେଇ
ତୁମେ ଆସ ଯେଉଁ ବେଶେ,
ସେ ଇଚ୍ଛା ତୁମର
ଯେପରି ଆସିଲେ ମଧ୍ୟ ଯେଉଁ ବେଶେ
ତୁମେ ଅଟ ମୁକ୍ତି ମୋର- ମହାମୁକ୍ତି ମୋର
ତୁମେ ଅଟ ଶୁଭଙ୍କର-ଶିବ ଆଉ
ସାରିଷ୍ଟ ଆଶିଷ ॥

ଏଣୁ ପ୍ରଭୁ ମୁକ୍ତିଦିଅ- ଯନ୍ତ୍ରଣାରୁ
ଏତେ ସ୍ନେହ, ସମାଦର- ଏ ଅଭ୍ୟର୍ଥନାରୁ
ସେନାପତି ହେବା ମୋର ଆଶା ନୁହେଁ, ଅଭିଳାଷ ନୁହେଁ
ନୁହେଁ ବି କାହାର ମଥା
ମୋ' ନିକଟେ କେବେ ନଇଁବାର
ଅପେକ୍ଷାରେ ତୁମର ମୁଁ
ଅପେକ୍ଷାରେ ତୁମ ସେ ରୂପର
ଅପେକ୍ଷାରେ ମୋର ସେଇ ମୁହୂର୍ତ୍ତର
ହେଉପଛେ ଶରଶଯ୍ୟା ମୃତ୍ୟୁଶଯ୍ୟା ମୋର
ଅପେକ୍ଷା ସେ ହବନକୁ,
ମୋର ସେଇ ମରଣ ସ୍ଥୁପର
'ଅପେକ୍ଷା' ଅପେକ୍ଷା ନାହିଁ ଗତ୍ୟନ୍ତର
ନାହିଁ ଭଲ କିଛି ଏଠି
ଅପେକ୍ଷା- ଅପେକ୍ଷା ଛଡ଼ା ଲେଖିବାର
ଯୋଖିବାର ପରିଚ୍ଛେଦ
ଜୀବନରେ, ଏ ଯୁଦ୍ଧରେ ଧନୁରେ ମୋହର ॥

ଭୀଷ୍ମ ହେବା ଅଭିଶାପ
ଗୋଟେ ନୁହେଁ ଅଧେ ନୁହେଁ କୋଟିଏ ପାପର
ମହାବଳୀ ହେବା ଅବା ଜୀବନରେ ଥିବା
ଭୀଷ୍ମର ଅନ୍ତିମ ଇଚ୍ଛା ମୃତ୍ୟୁ ତା'ର
ଶତ ଶତ ସହସ୍ର ସହସ୍ର,
କୋଟିଏ ନକ୍ଷତ୍ର ଆଉ ତାରାମାନେ
ଗୋଟିଏ ସୂର୍ଯ୍ୟରେ ଯିବା ଲୀନହୋଇ
ଅବା ସେଇ ମହାବଳୀ- ଗତାୟୁ ମାର୍ତ୍ତଣ୍ଡ
ରାତିର ଅନ୍ଧାରେ ଦିନେ ହଜିଯିବା ପରି
ଗୋଟିଏ ମୃତ୍ୟୁରେ ଯାଉ ଲୀନ ହୋଇ
ଜୀର୍ଣ୍ଣ ହୋଇ, ମହାମୁକ୍ତି ହୋଇ
ବୀରର ଲଲାଟ ହେଉ ବୀର ପରି
ଶହେ ନୁହେଁ ଥରେ ମୃତ୍ୟୁ ପାଇ ॥

ଏଇ ଇଚ୍ଛା ଶେଷ ଇଚ୍ଛା ମୋର
ଅନ୍ତ ହେଉ ଅସତ୍ୟର
ଜୟ ହେଉ ପରମ ଧର୍ମର
ପୃଥିବୀ-ଆକାଶେ ପୁଣି ପୂରିଉଠୁ
ଜୀବନ-ପବନ
ମୃତ୍ୟୁସାଥେ ଇଚ୍ଛାହୀନ ଜୀବନର
ଇଚ୍ଛାଧାରୀ- ପରିଚ୍ଛେଦ ଏପରି ଭୀଷ୍ମର
ଅନ୍ତହେଉ ଅଧର୍ମର
ଧୋଇଯାଉ ହସ୍ତିନାପୁର
ବହିଯାଉ ଗଂଗା ଏଠି
ରହିଯାଉ ଖାଲି ଗଂଗାଧର
ଇଚ୍ଛାମୃତ୍ୟୁଧାରୀ ଭସ୍ମ ପୋଛିଯାଉ ଧୋଇଯାଉ
କଳଙ୍କିତ ଏହି ପୃଥିବୀର ॥

ତନ୍ତ୍ରୀରେ ସ୍ପନ୍ଦନ ନାହିଁ
ଆଖିରେ ମୋ ଦୃଷ୍ଟିଶକ୍ତି ନାହିଁ,
ନାହିଁ ଏବି ଗଭୀରତା ମୋ ଦୃଷ୍ଟିରେ
ଦମ୍ଭ ମୋର ନାହିଁ ମୋ ଖଡ୍‌ଗରେ
ମୋ ଆକାଶ, ମୋ ପୃଥିବୀ
ମୋ ସାରା ଦୁନିଆ
କେଉଁଠି ସ୍ୟନ୍ଦନ ନାହିଁ, ପ୍ରଶାନ୍ତି ବି ନାହିଁ
ଏଣୁ ଆସ, ତୁମେ ଆସ ଚନ୍ଦନ ହୋଇ
ଏଣୁ ଆସ ତୁମେ ଆସ ମୋ ସନ୍ତୋଷ ହୋଇ
ଏଣୁ ଆସ, ତୁମେ ଆସ ମୋ ପ୍ରକାଶ ହୋଇ
ଏଣୁ ଆସ, ତୁମେ ଆସ ମୋ ଆଶିଷ ହୋଇ
ଆସ ପ୍ରିୟ, ପ୍ରିୟତମ, ଆକାଂକ୍ଷା ମୋହର
ଆସ ମୋ ଅତିଥି ସାଜ
ପ୍ରତୀକ୍ଷାର, ତିତିକ୍ଷାର,
ଯନ୍ତ୍ରଣାର ମନ୍ତ୍ରଣାର ପୂର୍ଣ୍ଣତା ପାଇଁ ॥

ଅମରାବତୀର ସୁଖ ମାଗୁନାହିଁ, ମାଗୁନି ମୁଁ ସ୍ୱର୍ଗର ଆଲୋକ
ମାଗୁନି ମୁଁ କର୍ଣ୍ଣର କବଚ କୁଣ୍ଡଳ
ମାଗୁନି ମୁଁ ନଚିକେତା ଆଲୋକ ଜ୍ଞାନର
ଚାହୁଁନି ମୁଁ ଦେଖିବାକୁ ବିଶ୍ୱରୂପ ତୁମ
ଚାହୁଁନି ମୁଁ ଦେଖିବାକୁ ଅଦ୍ୱିତୀୟ ଦ୍ୟୁତିକୁ ତୁମର
ଯେଣୁ ଅଛି ଏସବୁରେ ମୃତ୍ୟୁର ଆଶଂକା
ଯେଣୁ ଅଛି ସମ୍ଭାବନା ଭାଂଗିବାର ମୋହ
ଯେଣୁ ଅଛି ଏସବୁରେ ଭରା ଅହମିକା
ସେଠି ଅଛି, ଭରିଅଛି ଆଲୋକର ମହା-ଅନ୍ଧକାର
ଏଣୁ ମୁଁ ମାଗୁଛି ଖାଲି କେବଳ ଏତିକି
ସୂର୍ଯ୍ୟପରି ସତ୍ୟପରି ଅମୃତ ପରି
ଦିଅ ମୋତେ ରାତି ଏକ, ଅନ୍ଧକାର ଭରା
ଯେଉଁଥିରେ ଥିବ ସତ୍ୟ-ଧର୍ମର ପ୍ରକାଶ
ଯେଉଁଥିରେ ଥିବ ଖାଲି ମୁକ୍ତିର ଆକାଶ
ଯେଉଁଥିରେ ଥିବ ଖାଲି ସୌହିତ୍ୟ ସୌଶ୍ରୟ
ମାଗୁଛି ତୁମର ସେଇ ଅନ୍ଧକାର ଗର୍ଭର ଆଲୋକ ।।

■

ଗୋପପୁର ରାତି

ଗୋପପୁର ରାତିସାରା ଅନିଦ୍ରା ରହିଛି ।
କାହାରି ଆଖିରେ ନିଦ ନାହିଁ
ମୁଣ୍ଡରେ ଚଡ଼କ ପଡ଼ିଲା ପରି
ଅବା ଅନର୍ଥ ହୋଇଗଲା ପରି
କାଳୀୟ ନାଗ ସହ ଗଡ଼ାପଡ଼ା ଯୁଦ୍ଧ ଚାଲୁଥିବା
ସମୟର ପାପଚିନ୍ତା ମନକୁ ଘାଣ୍ଟିବା ପରି ।

ମଥୁରାକୁ ପଟୁଆର ଗଲା ଦିନରୁ
ଅକ୍ରୂର ସାଙ୍ଗରେ ଯାଇଛି ସାରା ଗୋପପୁରର ନିଦ
ତା'ର ଦୀର୍ଘ ନିଶ୍ୱାସ ତଳର
ଝାଞ୍ଜିଖିଆ ନିଶର ଘନତ୍ୱରେ ଗୁମ୍‌ହୋଇ
ନଈ ଆଡ଼ିକି ଚରିବାକୁ ଯାଇଥିବା
ମାସେ ପନ୍ଦର ଦିନର ନିଖୋଜ ଛେଳିଟେ ପରି ।

ଦୁଃଖଘର ପୋଖରୀ ପାଖ ବାଉଁଶ ବଣର
କେଁ କଟର ଶବ୍ଦ ବି ନାହିଁ,
ସରୀସୃପ ମାନଙ୍କର ସର୍‌ସାର୍, ଖସ୍‌ଖାସ୍
ମୂଷା-ମଶା-ମାଛିଙ୍କ ଭଣଭଣ ଶବ୍ଦ
କିଆବୁଦା, ଖଣା, ଦୂରବିଲ-ବଣରୁ
ହଜି ବି ଯାଇଛି କୋକିଶିଆଳର ଡାକ,
ଝିଂକାରୀ, ଚେମଚଟା ଆଦି ସମସ୍ତେ
ପାଳୁଛନ୍ତି ମଉନବ୍ରତ, ରାମ ଚଉଦବର୍ଷ
ବନବାସ ଯିବା ପରି ଅଥବା ଦୁଃଖଘର ଦଧିଚି ପରି
ଭଙ୍ଗା ମାଲ ଆଟିକା ଖପରା ମେଳରେ
ଗଡୁଥିବା ଅରଣା କି ବୁଢ଼ାବଳଦ ଖୁପୁରୀ ପରି।

ନଈପାଖ ବରଗଛ ବାଟେ ପବନ ଆଉ
ଯାଉନି କେଉଁ ଏକ ଚୁକ୍ତି ପତ୍ରରେ
ସ୍ୱାକ୍ଷର କଲାପରି। ପତ୍ରମାନେ ହରତାଳ୍‌ରେ
ବସିଛନ୍ତି ଅଖିଆ ଅପିଆ ଅନାଦି କାଳରୁ
ମୁହଁ ଫିଟଉ ନାହାଁନ୍ତି କାନମୋଡ଼ି ଦେଲେବି
ସେମାନଙ୍କର।

ବନ୍ଧମୁଣ୍ଡ, କୁଦମ୍ ପଦା, ଗଣ୍ଡଆଡ଼ି ସମସ୍ତେ
ନୀରବ, ମୌନ ବ୍ରତରେ ଧ୍ୟାନମଗ୍ନ
ଜଣେ ଜଣେ ତପସ୍ୱୀ। ସତେ ଯେପରି
ରାତି ପାହିଯାଏ ସେମାନଙ୍କ ତପସ୍ୟାରେ
ଉଇଁଆସେ ଉଦୀୟାନ୍ ସୂର୍ଯ୍ୟ
ଏମାନଙ୍କ ତପସ୍ୟା ଫଳରେ
ନାଲ୍ ଏକ ଫଳ ପରି
ଯା'କୁ କେହି ସାହାସ କରିବେନି
କାଦଚିତ୍ ଭୁଲ୍‌ରେ ଗିଳିବାକୁ।

କଇଁଫୁଲ ଊର୍ଦ୍ଧ୍ୱମୁଖ ଯୋଗୀପରି
ବୁଡ଼ିରହି ଥାଆନ୍ତି ଶୀତ ରାତିରେ ବି ତମାମ୍‌କାଳ
ଲକ୍ଷ୍ମୀପାଦ, ଝୋଟିଚିତା ଟହଟହ ଚହଟୁଥାଏ
ଦିହୁଡ଼ି କି ବିଜୁଳି ପୋକର ଦପ୍‌ଦପ୍ ଆଲୁଅରେ
ଅଥବା ହାରିକିଣି, ଡିବିରି ବା ଚୁଙ୍ଗି-ଚିମିନିର
ତେଇଦେବା ପରେ ଆସ୍ତେ ଆସ୍ତେ
ଧିମେଇ ଆସିଥିବା ବତିକଳା ବଲବଲ
ଲଣ୍ଠନ କାଚ ଭେଦି ଡେଇଁ ପଡୁଥିବା
ଆଲୁଅ କଣିକା ମାନଙ୍କ ଅଧରାତି, ପାହାନ୍ତିଆ
ମକର ମେଳାରେ।

ଗୋପପୁର ରାତି ସତେ
ନୀରବରେ ଖୋଜିଚାଲେ ଅତୀତକୁ
କଳାକୃଷ୍ଣ, କାହ୍ନୁର ମୁହଁକୁ
ଯମୁନାର ନେଳିକଳା, କଦମ୍ବ ଗଛର ଛାଇ
କଳାକଳା, ସବୁଥିରେ କଳା ତା'ର ବଂଇଶୀ ସୁରକୁ
ସମୟର ରଥପରେ ଚାଲିଯିବା
କାଳୀୟଦଳନ ଆଉ ଗିରି ଗୋବର୍ଦ୍ଧନ ଟେକି
ଧରିଥିବା, ତାରିଥିବା ଅସମ୍ଭବ ବିପଦ କାଳକୁ।

ଗୋପପୁର ସାରା ରାତି
ତପସ୍ୟାର ଭିନ୍ନ ଅବସର
ସକାଳ ସୁରୂଯ ପାଇଁ, ନୂଆ ଏକ ସକାଳ ସକାଶେ
ଗୋପପୁର ଗୋଟାପଣେ
ଧୂଳିରେଣୁ, ଫୁଲ, କଢ଼, ଖପରା ଓ ଗଛ
ସମସ୍ତଙ୍କ ତପସ୍ୟାର ଅନ୍ତ ନାହିଁ
ଦେଖାନାହିଁ, ହସ ନାହିଁ, ସତେ ଅବା
ଅସରନ୍ତି ଅଣସର ସେଦିନୁ, ସେକାଳୁ
ଗୋପପୁର ସତେ ଚାହେଁ
ଦେଖିବାକୁ କଳାକାହ୍ନୁ ଚେହେରାକୁ
ରାତି-ଦିନ ଆକାଶରେ ବାସ୍ତବରେ ସାରା କଳ୍ପନାରେ।

■

ରାତିର ଚୌହଦୀରେ ଗୋପପୁର

ରାତି ପାହିବାର ପ୍ରତିଶ୍ରୁତି କେହି ଦେଇନି ।
ତଥାପି ଅଧରାତିଟାରେ ଆମେ
ହାରିକିଣି, ଡିବିରି ଜାଳି ଜଗିବସିଛୁ
କୋକୁଆ ରଂଗର ଏ ରାତି କାଳିମାଟାର
ହଟିଯିବାକୁ ଅନାଇ ।

ଗୋଧି, ହେଟା, ବାର୍‌ହା, ଶିଆଳ ଆଦି
ଘୂରି ବୁଲୁଛନ୍ତି ଟର୍ଚ୍ଚ ଜାଳି
ଏ ଅନ୍ଧାରର ମସୃଣ ପିଠି ଉପରେ ବସି ।
ଶିଆଳ ପାଟିରେ ଫସ୍‌ଫିନ୍ ଜଳିଉଠିଲା ପରି
ଡାହାଣୀ ଆଲୁଅ ପ୍ରତିମୁହୂର୍ତ୍ତରେ
ଛାତିକୁ ବେଧଡ଼କ୍ ସ୍ପନ୍ଦିତ କରିଚାଲିଛି ।

ଅମଡ଼ା ବାଟ ଗୁଡ଼ାକରୁ ମଡ଼ାଶୁଣି ପଦାର
ଦୂରତା ଏ ରାତିରେ ଅନେକ କମିଯାଇଛି ।
ସତେ ଯେପରି ମଡ଼ାସବୁ ଫେରୁଛନ୍ତି
ହାଟ ଓ ବଜାର କରି ବା ସହରରୁ କ୍ଳାନ୍ତ ହୋଇ
ଅଥଚ ତାଙ୍କ ମୁହଁରେ ରହିଛି
ଘରକୁ ଫେରିବାର ଏକ ଅସରନ୍ତି
ଆନନ୍ଦର ଫୁଆରା, ଯଦିଓ
ଆଖିରେ ତାଙ୍କର ରହିଛି ସେ ଗାଢ଼ ଅନ୍ଧାର ଠାରୁ
ଆହୁରି ଅଧିକ ଅନ୍ଧାର ରାତି
ଯେଉଁ ରାତି ଭିତରେ, ଯେଉଁ ଆଖି ଭିତରେ
ବୁଲୁଛନ୍ତି ଡହଳ ବିକଳ ହୋଇ
ସେମାନଙ୍କ ନିଜ ନିଜ ସଜ ପ୍ରତିକୃତି ।

ଏ ମଡ଼ାସବୁ କିଏ ?
ତାଙ୍କ ଆଖିର ଗହୀର ମଥାରେ
ଘୂରି ବୁଲୁଥିବା ପ୍ରତିକୃତି ସବୁ କାହାର ?
କେଉଁଠାରୁ ଆସିଲେ ସେମାନେ ?

ଗେଣ୍ଡାପରି ମହୁରେ ପଡ଼ିଥିବା ମାଛି ପରି
ଅଥବା ମହୁର ଖାଇ ଭଉଁରୀ ଖାଉଥିବା
ଓଲଟା ଅସରପା ପରି ଏମାନେ
ଛଟପଟ ହେଉଛନ୍ତି ହିଡ଼ମୁଣ୍ଡ କଡ଼ରେ ଥିବା
ବୁଦାଳିଆ ବାଉଁଶ ପଗଧରି ।

ହାତରେ ଟୋକିଏ ଯନ୍ତ୍ରଣା
ମୁଣ୍ଡରେ କେରାଏ ମେଘ
ଆଖିରେ ଗଭୀର ଦୁଃଖର ଛାଇ
ଥପ୍‌ଥପ୍ ଶବ୍‌ଦ ଅଛି
ଗଣ୍ଡଦେଶେ ଲୁହର ଧାରଣା
ଏ ଲୁହର ଗତିପଥ ବୈତରଣୀ, ମହାନଦୀ
ଅବା କଳା କାଂଶବାଂଶ ନଈ
ମାଦଳ, ମୃଦଙ୍ଗ ଧ୍ୱନି, ଶଙ୍ଖଧ୍ୱନି
କରତାଳି, ଖଞ୍ଜଣି ଓ ହୁଳହୁଳି ରବେ
କିଏ ସେ କହିବ ପାରି
ଛାଇମାନେ, ମୂର୍ତ୍ତିମାନେ, ମାତାମାନେ
କ'ଣ ସବୁ ଖୋଜୁଛନ୍ତି ଅମଡ଼ା ବାଟରେ ଥିବା
ମଶାଣିରେ ଅଧରାତିଟାରେ ? ?
ରାତି ପାହିବାର ପ୍ରତିଶ୍ରୁତି
କେହି କେବେ ଦେଇନି କେଉଁଠି ।

ସଞ୍ଜ ବେଳରୁ ମଣିଷ ହଜିହଜି ଚାଲିଛି
ଅନ୍ଧାରର ଗୋଟେ ପରେ ଗୋଟେ ତାଟି ଖୋଲି
ଝଟାକଣ୍ଟା ଭରା କେଉଁ ଅଜଣା କୁଡ଼ିଆ ଭିତରେ
ଯାଇ ପଶିସାରିଲାଣି- ଜଣାନାହିଁ।

ସତେକି ବାଟମାନେ ଆଖିବୁଜି ଶୋଇଛନ୍ତି
ତାଟି କବାଟ ଆଉଜି ! ତୋଟା ପାଖ ପୋଖରୀରେ
ସତେ ଅବା ଭଇରବ ଗର୍ଜନ ତର୍ଜନ,
ସତେ ଅବା ସବୁ ବାଟ, ସବୁ ତାଟି ଅନ୍ଧାରରେ କିଳା।
ତଥାପି ଅଧରାତିଟାରେ
ନିଜକୁ ଚିହ୍ନିବାର ଭୟ ଭିତରେ ଆଉଟୁପାଉଟୁ ହୋଇ
ଆମେ ହାରିକିଣି, ଚିମିନି ଓ ଡିବିରି ଜାଳି
ଜଗିବସିଛୁ, ସେଇ ସମୟକୁ
ଯେତେବେଳେ କୋକୁଆ ରଙ୍ଗର ଏହି
ଦ୍ରୌପଦୀର ଶାଢ଼ୀପରି ଲମ୍ବିଥିବା
ରାତିର କାଳିମା ଯିବ ଶେଷହୋଇ
ଆପଣାକୁ ଦେଖିବାର, ଚିହ୍ନିବାର ଅବସର ପାଇଁ।

ଗୋଧି, ହେଟା, ବାରହା, ଶିଆଳ, ଆଉ
ବିଲୁଆ କୁକୁର ଘୂରି ବୁଲୁଛନ୍ତି
ଦିହୁଡ଼ି ଜାଳି ଲାଭାମୟ ଜଳନ୍ତା ଆଖିରେ ତାଙ୍କ
ଚୋରପରି, ବୋମ୍ବାଟିଆ ପରି
ଏ ରାତିର ମସୃଣ ପିଠିରେ ବସି
ଯେମିତି ଗୋପପୁର ଖୋଜୁଛି ନିଜକୁ
ନିଜ ପିଠିରେ ବସି ଆପେ ଆପେ ନିଜର ପୁରରେ ।
ଏଠି ରାତି, ଦିନ, ପୃଥିବୀ, ଗୋପପୁର
ଏପରିକି ଗୋପ-ଗୋପୀଙ୍କ ପରି ଗାଈଗୋଠ
ମଶା-ମାଛି, କୀଟ, ପତଙ୍ଗ ଓ ସମସ୍ତେ ଅନିଦ୍ର ।

ଶକଟା, ଧେନୁକା, ଜାମଳ ଅର୍ଜ୍ଜୁନ, ଅଘା, ବକା
କଂସ, ଅକ୍ରୂର, ଉଦ୍ଧବ, ସୁଦାମା,
ଯମୁନା, କଦମ୍ବ, କୁଂଜବନ-
ଗୋପର ଆକାଶ, ମାଟି ଓ ନିଶ୍ୱାସ
ସବୁ ଭୁଲିଯାଇଛନ୍ତି ଶୋଇବା କଳାକୁ
ନିଦକୁ ଛାଡ଼ିଦେଇ ଆସିଛନ୍ତି ଖାଣ୍ଡବ ବନରେ
ଅଥବା ଏରକାର ବନରେ
ଖଣ୍ଡଖଣ୍ଡ ହୋଇ ଜଳିଯିବା ପୋଡ଼ିଯିବା ପାଇଁ
ଆଉ ବିନିଦ୍ର ନିଜେ କଳାକାହ୍ନୁ
ହଟିଆ ନାଗର ଗୋପ ବଜାରର
ମତ୍ସ୍ୟ, କୂର୍ମ, ବରାହ, ନୃସିଂହ ଅଥବା
ବାମନ-ପରି ଚାଲି ଚାଲି,
ପୁର୍ଶୁଧରି ଶିକାର ଆଶାରେ
ଧନୁତୀର ଧରି ସାଥେ
ଧାଇଁ ଧାଇଁ ହେମହରିଣ ପଛରେ ।

■

BLACK EAGLE BOOKS

www.blackeaglebooks.org
info@blackeaglebooks.org

Black Eagle Books, an independent publisher, was founded as a nonprofit organization in April, 2019. It is our mission to connect and engage the Indian diaspora and the world at large with the best of works of world literature published on a collaborative platform, with special emphasis on foregrounding Contemporary Classics and New Writing.

www.ingramcontent.com/pod-product-compliance
Lightning Source LLC
Chambersburg PA
CBHW060616080526
44585CB00013B/860
9781645606161